Logisch: neu

Deutsch für Jugendliche
Arbeitsbuch A2

von
Stefanie Dengler
Sarah Fleer
Paul Rusch
Cordula Schurig

Ernst Klett Sprachen

Stuttgart

Von
Stefanie Dengler, Sarah Fleer, Paul Rusch und Cordula Schurig

Redaktion:
Bettina Melchers

Projektleitung:
Angela Kilimann

Gestaltungskonzept und Layout:
Andrea Pfeifer; Cover-Foto: iordani, shutterstock.com

Umschlaggestaltung:
Andrea Pfeifer

Zeichnungen:
Anette Kannenberg und Daniela Kohl (S. 28, 55, 81, 100, 101, 106, 107)

Satz und Litho:
Satz & mehr, Besigheim

Der Verlag und das Autorenteam danken Birgitta Fröhlich (Goethe-Institut Madrid), Dr. Ferrel Rose (Bowling Green High School, Kentucky) und allen Kolleginnen und Kollegen, die Logisch! erprobt und begutachtet haben sowie mit Kritik und wertvollen Anregungen zur Entwicklung des Lehrwerks beigetragen haben.
Redaktion und Verlag bedanken sich bei der Staatlichen Realschule Vaterstetten und allen beteiligten Personen für ihr Engagement und ihre Mitwirkung bei den Fotoaufnahmen.

Logisch! neu A2 – Materialien	
Kursbuch A2 mit Audios zum Download	605211
Arbeitsbuch A2 mit Audios zum Download	605212
Lehrerhandbuch A2 mit DVD	605217
Intensivtrainer A2	605218
Testheft A2 mit 2 Audio-CDs	605219
Logisch A2 digital mit interaktiven Tafelbildern	605220

Logisch! neu A2 – in Teilbänden	
Kursbuch A2.1 mit Audios zum Download	605213
Arbeitsbuch A2.1 mit Audios zum Download	605214
Kursbuch A2.2 mit Audios zum Download	605215
Arbeitsbuch A2.2 mit Audios zum Download	605216

Audios zum Arbeitsbuch:
Aufnahme und Schnitt: Heinz Graf/Christoph Tampe
Regie: Heinz Graf, Toni Nirschl und Angela Kilimann
Produktion: Tonstudio Graf, 82178 Puchheim/Plan 1, München
Sprecherinnen und Sprecher: Katja Brenner, Vincent Buccarello, Stephan Guera-Sotello, Jakob Gutbrod, Vanessa Jeker, Angela Kilimann, Jana Kilimann, Barbara Kretzschmar, Crock Krumbiegel, Sebastian Mann, Charlotte Mörtl, Sebastian Müller, Jakob Riedl, Leon Romano-Brandt, Anja Stadler, Peter Veit, Julia Wall, Ruth Althammer, Claudia Kaffka-Jutzi, Matteo Jutzi, Marco Diewald, Sofia Lainovic, Philip Lainovic, Christian Noaghiu, Katharina Müller
Audio-Dateien zum Download unter www.klett-sprachen.de/logisch-neu/audiosA2
Audios Arbeitsbuch A2, Kapitel 1 – 8: Code: logNeu2h&C6
Audios Arbeitsbuch A2, Kapitel 9 – 16: Code: logNeu2i&C6

Besuchen Sie uns auch im Internet:
www.klett-sprachen.de/logisch

1. Auflage 1 ⁴³² | 2019 18 17

© Ernst Klett Sprachen GmbH, Stuttgart 2017
Das Werk und seine Teile sind urheberrechtlich geschützt. Jede Verwendung in anderen als den gesetzlich zugelassenen Fällen bedarf der vorherigen Einwilligung des Verlags.

Gesamtherstellung: Print Consult GmbH, München

ISBN 978-3-12-**605212**-2

Logisch! neu A2 – Inhalt

Kapitel 1	4
Kapitel 2	10
Kapitel 3	16
Kapitel 4	22
Training A: Sprechtraining und Sprachmittlung	**28**
Kapitel 5	30
Kapitel 6	36
Kapitel 7	42
Kapitel 8	48
Training B: Sprechtraining und Sprachmittlung	**54**
Kapitel 9	56
Kapitel 10	62
Kapitel 11	68
Kapitel 12	74
Training C: Sprechtraining und Sprachmittlung	**80**
Kapitel 13	82
Kapitel 14	88
Kapitel 15	94
Kapitel 16	100
Training D: Sprechtraining und Sprachmittlung	**106**
Kapitelwortschatz Kursbuch 1–16	108
Thematische Wortgruppen	126
Unregelmäßige Verben	127
Quellenverzeichnis	128

1 Nach den Ferien

1 Meine Ferien

a Was machen die Personen? Schreib das richtige Verb.

1. Robbie und Paul machen das auf dem Wasser oder im Internet :-).
2. Pia und Plato wohnen in den Ferien in einem Zelt.
3. Kolja und Anton fahren in die Berge. Dann gehen sie lange zu Fuß.
4. Kinder machen das oft mit einem Ball. Aber auch viele Männer!
5. Nadja und Pia gehen in die Disco. Da hören sie Musik und …
6. Kolja und Paul stehen an einem See. Sie möchten einen Fisch essen.

	S	U	R	F	E	N

Lösung: Sie machen _____ .

b Was machen Mark, Carola und Diana gern? Und du? Schreib in dein Heft.

	Basketball spielen	tanzen	surfen	schwimmen	wandern
Mark	☺		☺ ☺ ☺	☺	☺ ☺
Carola	☺	☺ ☺ ☺		☺ ☺	
Diana		☺	☺ ☺	☺ ☺ ☺	
Ich	…?…	…?…	…?…	…?…	…?…

Mark spielt gern Basketball und schwimmt gern. Noch lieber wandert er und am liebsten surft er.

2 Ist das wahr?

a Wirklich? Wie geht der Satz weiter? Ordne zu.

1. Das glaube …   A wahr.
2. Das kann …   B nicht sein.
3. Das stimmt …   C das wahr.
4. Das ist …   D ich nicht.
5. Vielleicht ist …   E vielleicht.

b Wie heißt das Partizip Perfekt? Sortiere.

~~t~~ ~~ge~~ surf spiel t ge mach ge tanz ge t ge ge t
~~wander~~ t t jogg

1. wandern   _gewandert_   4. surfen   _____
2. spielen   _____   5. joggen   _____
3. machen   _____   6. tanzen   _____

3 Was habt ihr in den Ferien gemacht?

a Bring die Sätze in die richtige Reihenfolge.

1. gemacht / was / du / in den Ferien / hast / ?
   Was hast du in den Ferien gemacht?

2. gerettet / einen Wolf / habe / ich / .
   _____

3. gesegelt / allein / nach England / ich / bin / .
   _____

4. geangelt / ich / einen Fisch / habe / .
   _____

5. gerettet / du / wen / hast / ?
   _____

6. gecampt / ich / im Wald / habe / .
   _____

b Perfekt mit *haben* oder *sein*? Setz die richtige Form ein.

ist • haben • bin • haben • ~~habe~~ • ist • habe • bin • haben

Mia erzählt: „In den Ferien _habe_ ich viel gemacht – es war toll! Ich war am Meer und _____ (1) jeden Vormittag gesegelt. Wir _____ (2) auf einem Campingplatz gecampt und am Abend _____ (3) wir oft gegrillt. Meine Freundin Mona war auch da – mit ihr _____ (4) ich nachmittags Tennis oder Volleyball gespielt und abends _____ (5) wir zusammen in der Disco getanzt. Mona _____ (6) am Vormittag meistens gesurft. Manchmal _____ (7) sie mit ihrer Familie gewandert, das macht sie sehr gern. Ich _____ (8) nicht gewandert, das finde ich langweilig."

c Wie war es? Sortiere und schreib die Gespräche richtig in dein Heft.

1

☐ Doch! Meine Oma hat einen großen Garten und wir grillen oft.
☐ Echt? Bei meiner Oma ist es immer super.
[1] Hey Bea, was hast du am Sonntag gemacht?
☐ Ach, das ist ja toll!
[2] Ich war bei meiner Oma. Das war total langweilig!
☐ Wirklich? Das glaube ich nicht!

2

☐ Das ist nicht wahr. „Nichts machen" kann man doch nicht!
[1] Gestern bin ich gewandert – fünf Stunden!
☐ Nein, es hat Spaß gemacht. Und du, hast du auch Sport gemacht?
☐ Oh, das ist ja blöd.
☐ Nein, ich war zu Hause – und habe fünf Stunden nichts gemacht.

Gespräch 1
● *Hey Bea, was hast du am Sonntag gemacht?*
○ *Ich war bei meiner Oma. Das war total langweilig!*
...

d Hör zur Kontrolle.

1.1

4 Gerettet!

a Was gehört zusammen? Ordne zu.

Hilfe — gemacht
ein Weinen — gesucht
im Wald — geholt
eine halbe Stunde — gewandert
Ferien — gehört

1. Ferien _gemacht_
2. im Wald _____
3. ein Weinen _____
4. eine halbe Stunde _____
5. Hilfe _____

b Was fehlt? Schreib in die Lücken.

> S̶c̶h̶ü̶l̶e̶r̶ • Abendessen • alt • gebraucht • gehört • gemacht • Stunde • Wald • war • Wolf

Der _Schüler_ Tom K., 14 Jahre _____, hat Ferien in Mecklenburg _____. Am Samstag nach dem _____ ist Tom allein im _____ gewandert und hat ein Weinen _____. Er hat eine halbe _____ gesucht. Und … was für ein Schreck: Ein junger _____ war schwer verletzt in einer Falle. Das Tierkind _____ schon schwach und hat Hilfe _____. Tom hat mit seinem Handy Hilfe geholt.

c Alles falsch! Korrigiere die Sätze.

1. Tom hat g̶e̶m̶a̶c̶h̶t̶ Ferien in Mecklenburg.
2. Er g̶e̶w̶a̶n̶d̶e̶r̶t̶ ̶i̶m̶ ̶W̶a̶l̶d̶ ̶i̶s̶t̶.
3. Tom e̶i̶n̶ ̶W̶e̶i̶n̶e̶n̶ ̶h̶a̶t̶ ̶g̶e̶h̶ö̶r̶t̶.
4. Er hat g̶e̶s̶u̶c̶h̶t̶ eine halbe Stunde.
5. Der Wolf A̶n̶g̶s̶t̶ ̶h̶a̶t̶t̶e̶.
6. Tom m̶i̶t̶ ̶s̶e̶i̶n̶e̶m̶ ̶H̶a̶n̶d̶y̶ ̶g̶e̶h̶o̶l̶t̶ ̶d̶i̶e̶ ̶F̶e̶u̶e̶r̶w̶e̶h̶r̶ ̶h̶a̶t̶.

1. _Tom hat Ferien in Mecklenburg gemacht_
2. _____
3. _____
4. _____
5. _____
6. _____

d Wie heißen die Formen? Ergänze die Tabelle. Der Kasten rechts hilft dir.

> hatte • hatte • hatten • hatten • waren • warst • wart • war

	ich	du	er/es/sie	wir	ihr	sie/Sie
sein			war			waren
haben		hattest			hattet	

e Wie heißen die Wörter richtig?

1. DENNOR _____
2. NEDÜS _____
3. STENEW _____
4. STENO _____

Norden / Westen / Osten / Süden

5 Antons Ferien

Was haben Anna und Anton gestern gemacht? Schreib Sätze. Der Kasten hilft.

Anna	
9 Uhr	mit Marie lernen
13 Uhr	zu Hause sein
14–15 Uhr	putzen bei Oma
16–18 Uhr	Tennis spielen

Anton	
10–11 Uhr	mit Bällen üben
12–13 Uhr	in der Pizzeria sein!
14–16 Uhr	Akrobatik machen
17–18 Uhr	Ordnung machen

nach dem Frühstück • am Vormittag • am Mittag • am Nachmittag • vor dem Abendessen

1. Nach dem Frühstück hat Anna mit Marie gelernt.

6 Feriengrüße

a Was hat Anton in den Ferien gemacht? Richtig oder falsch? Kreuze an. Antons Brief im Kursbuch hilft.

	richtig	falsch
1. Anton hat in den Ferien Fußball gespielt.	☐	☒
2. Anton hat für die Schule gelernt.	☐	☐
3. Er hatte viel Spaß.	☐	☐
4. Er hat mit der Gruppe eine Pyramide gebaut.	☐	☐
5. Er hat mit Oma Karneval gefeiert.	☐	☐

b Antons Oma schreibt Anton zurück. Ergänze die Lücken.

Lieber • findet • kannst • Kronenstr. 77 • hattest • Viele Grüße • den • vielen Dank • besuche

Köln, _____ 15.11.

_____ Anton,

_____ für dein Geschenk – das kann ich im Karneval gut brauchen. Opa _____ es auch toll! Du _____ ja viel Spaß im Zirkuscamp – deine Zaubertricks _____ du mir bald zeigen. Ich _____ euch wahrscheinlich Anfang Dezember.

_____

Deine Oma

Marie Funke
Jeckenstr. 11
40111 Köln

Anton Kern
_____
54321 Glücksdorf

1

7 Betonung im Satz

a Hör und sprich nach.

1. Anton war in einem **Zirkuscamp**.
2. Anton war **in den Ferien** in einem Zirkuscamp.
3. **Anton** war in einem Zirkuscamp.

b Hör und markiere: Wo ist der Satz betont?

1. Wer hat einen Wolf gerettet? Tom hat einen Wolf gerettet.
2. Wen hat Tom gerettet? Tom hat einen Wolf gerettet.
3. Wer hat Oma eine Karte geschickt? Anton hat Oma eine Karte geschickt.
4. Was hat Anton geschickt? Anton hat eine Karte geschickt.
5. Wem hat Anton eine Karte geschickt? Anton hat Oma eine Karte geschickt.

c Hör noch einmal und sprich nach.

8 Souvenirs, Souvenirs!

a Lies die Beschreibung. Welches Souvenir passt? Wähle aus.

die Schokolade    das Brandenburger Tor    die Muscheln

1
Petras Souvenirs sind aus Spanien. Ihre Oma war dort am Meer. Sie hat sie Petra geschenkt. Sie sind sehr schön.

2
Sabines Souvenir ist aus Österreich. Ihre Freundin hat es gekauft. Es schmeckt süß.

3
Christians Souvenir ist aus Berlin. Eine Tante hat es geschickt.

b Im Radio hörst du zwei Texte zu einem Ferienprogramm. Kreuze die vier richtigen Antworten an.

Ferienprogramm

| ☐ Zirkus | ☐ Kino | ☐ Volleyball | ☐ Tanzen |
| ☐ Camping | ☐ Museum | ☐ Fußball | ☐ Schwimmen |

8 acht

Wörter – Wörter – Wörter

9 Freizeitaktivitäten

a Welches Wort passt nicht? Streich durch.

1. machen: Ferien, Hausaufgaben, ~~Hilfe~~, Essen, Ordnung
2. spielen: Gitarre, Sport, Tennis, Karten, Computerspiele
3. wandern: im Wald, am Strand, in den Bergen, im Wildpark, im See

b Erkennst du die Wörter? Jede Nummer steht für einen Buchstaben. Was ist das Lösungswort?

1. L A 6 G W 5 7 L 7 G _____
2. 4 2 LL 5 Y B A L L   V_____
3. G 8 7 LL 5 6 _____
4. F 5 8 7 5 6 _____
5. Z 7 8 K 3 1 _____
6. H 7 L F 5 _____

Lösung:
1	2	3	4	5	6	7	8
			V				

10 Perfekt-Quiz

Findest du alle neun Perfektformen? Schreib je einen Satz.

G	E	S	E	G	E	L	T	R	A
A	B	E	G	E	T	A	N	Z	T
U	G	G	E	S	A	G	T	G	G
G	E	K	A	U	F	T	G	E	E
E	J	Z	Ü	R	G	E	S	T	C
H	O	L	T	F	Ö	G	E	R	A
O	G	E	S	T	E	R	N	Ä	M
L	G	E	M	A	C	H	T	N	P
T	T	G	E	S	U	N	D	K	T

1. *gesagt: Er hat nichts gesagt.*
2. _____
3. _____
4. _____
5. _____
6. _____
7. _____
8. _____
9. _____

11 Mein Tagesablauf

Wann passiert das?

1. *am Nachmittag*   2. _____   3. _____   4. _____

nach dem Frühstück • am Vormittag • am Mittag • ~~am Nachmittag~~

12 Meine Wörter

Welche Wörter, Ausdrücke oder Sätze sind für dich wichtig? Schreib auf.

2 In der Schule

1 Janniks erster Schultag

a Was gehört zusammen? Notiere die Wortpaare.

sehen, essen, gehen, machen, schenken, bringen, spielen, sprechen, treffen, gesehen, gegessen, gegangen, gebracht, gesprochen, gespielt, geschenkt, getroffen, gemacht

sehen – gesehen _____ _____ _____

_____ _____ _____

_____ _____ _____

b Was hat Nadja am ersten Schultag gemacht? Schreib Sätze.

1. zur Schule gehen
2. ihre Freundinnen sehen 
3. mit Pia sprechen 
4. Schulsachen kaufen 
5. ein Eis essen 
6. ein Buch suchen 

1. _Nadja ist zur Schule gegangen._
2. _Sie hat_ _____
3. _____
4. _____
5. _____
6. _____

2 Wisst ihr das noch?

Aus dem Tagebuch von Natascha. Ergänze den Text.

Ferienende – es ge__ht__ wieder los. Heute ha___ ich Miki wieder getro_____. Und nach der Schu___ haben wir ein Eis ___gessen. Das war supertoll. Jet____ sehe ich Miki wieder jeden T_____. Da kann ich sogar d___ Schule vergessen.

Aber es tut weh, al_____ haben von ihren Fe_____ gesprochen, alle waren weg, i___ Italien, Spanien oder Griechenland. Nur i___ nicht. Mutter sagt, das i_____ zu teuer. Sie hat ni___ genug Geld. Ich möchte au_____ einmal nach Griechenland flie_____.

Miki war total n_____, er hat nicht von Spanien ___redet.

10 zehn

3 Das war ein Tag!

Was war los in der Schule? Schreib die richtige Form in die Lücken.

1. Heute ist in der Klasse viel _passiert_ (passieren). 2. Der Lehrer hat den Computer _____ (reparieren). 3. Die Schüler haben Quatsch _____ (machen). 4. Ines hat lange _____ (telefonieren). 5. Max hat in der Stunde _____ (trainieren). 6. Julia hat heute Geburtstag. Es hat Torte _____ (geben). 7. Alle haben Julia _____ (gratulieren).

4 Die Schule hat wieder begonnen.

Nach den Ferien. Du hörst ein Gespräch. Du hörst den Text einmal. Was haben die Freunde von Simon und Anna gemacht? Wähle für die Aufgaben 1–5 ein passendes Bild aus A bis I. Wähle jedes Bild nur einmal. Sieh dir jetzt die Bilder an.

	Beispiel	1	2	3	4	5
Person	Anna	Erik	Jana	Mehmet	Inga	Jonas
Lösung	g					

5 Langes e, kurzes e und schwaches e

a Schreib e, ee oder eh. Wo ist das e lang? Markiere.

Der L___rer in Mathe ist s___r n___tt. In G___ografie haben wir einen F___rnseh-Film über die Nords___ ges___en. In der ___rsten Stunde l___rnen wir ___nglisch.

b Lies die Sätze in 5a halblaut. Hör dann zur Kontrolle und sprich mit.

c Schwaches e bei ge- und -e. Markiere. Hör dann und sprich mit.

In den Ferien hab_e_ ich viele Freunde kennengelernt. Ich habe mit ihnen nicht über die Schule geredet. In der Schule lernen wir jetzt eine neue Sprache.

elf 11

6 Projekttage in der Schule

a Was möchten Petra und Andreas wissen? Hör das Gespräch und kreuze an.

Ludwig-Thoma-Schule Bernbach – Projekttage
In der Woche vor den Ferien machen wir am 15. und 16. Juli wieder Projekte.
Jeder Schüler / Jede Schülerin nimmt pro Tag an einem Programm teil.
Am **17. Juli** gibt es um 9.00 Uhr die **Zeugnisse**.

Das möchte Petra wissen:
1. ☐ Brauchen wir unsere Fahrräder?
2. ☐ Was müssen wir anziehen?
3. ☐ Wie weit fahren wir mit Jan Dobel?
4. ☐ Wie lange fahren wir Rad?

Das möchte Andreas wissen:
5. ☐ Machen wir da selbst Musik?
6. ☐ Wie lange dauert das Projekt?
7. ☐ Wie kann man selbst Instrumente machen?
8. ☐ Wie viele Instrumente spielen Sie, Herr Fischer?

b Keine Lust auf Projektwoche? Ergänze das Gespräch. Der Schüttelkasten hilft.

am Mittwoch • blöd • finde • fragen • gefällt • gehe • hatten • lieber • Lust • mag • spielt • suchen

● Was machst du __am Mittwoch__ (1)?
○ Ich habe keine _____ (2) auf Projektwoche. Ich will keine Tiere _____ (3) und fotografieren. Das finde ich _____ (4). Oder hier: Welche Berufe _____ (5) die Leute früher? Da müssen wir alte Leute _____ (6) und viel reden. Das mag ich nicht.
● Das Sportprogramm ist gut, das _____ (7) ich klasse. Kommst du auch mit?
○ Ich weiß nicht. Ich _____ (8) lieber zu Herrn Fischer. Der ist echt gut, der Typ ist cool. Er _____ (9) sogar selbst in einer Band. Und Musik _____ (10) ich total gern.
● Musik mag ich ja auch, aber Instrumente selbst machen _____ (11) mir nicht. Das finde ich langweilig. Ich mache _____ (12) Sport.

c Was mögen Petra und Andreas? Verbinde die Sätze.

Andreas
1. Ich spiele Klavier, …
2. Ich mag Musik total gern, …
3. Helene Fischer finde ich blöd, …

Petra
4. Fußball ist toll, …
5. Ich mache gern Sport, …
6. Zu Hause sein ist langweilig, …

A … Gitarrenmusik gefällt mir besonders gut.
B … ich mag die Schulband viel lieber.
C … aber Gitarre ist mein Lieblingsinstrument.
D … das mag ich nicht.
E … aber Tennis spiele ich lieber!
F … nur Akrobatik finde ich blöd.

7 Projekt: Unser Programm

Was war dein Lieblingsprojekt? Was hast du gemacht? Schreib in dein Heft.

12 zwölf

8 Zwei Projektgruppen berichten

Petra schickt ihrer Freundin Elisa eine E-Mail. Wähle für die Aufgaben 1–5 die richtige Lösung A, B oder C.

Hallo Elisa,
Wie sind deine Ferien? Wir haben in der letzten Schulwoche Projekttage gemacht. Und weißt du was? Ich war mit Jan Dobel Rad fahren. Wirklich! Er hat uns viele Tipps gegeben. Und er hat gesagt, er fährt mit uns ganz langsam. Langsam? Das war für uns gar nicht langsam! Für uns war das sehr, sehr schnell. Es hat aber Spaß gemacht, Fotos kommen noch.
Am Donnerstag haben wir Brezeln gebacken. Das ist gar nicht so leicht. Sie waren nicht so schön, aber lecker. Ich habe drei Stück gegessen! Wir waren bei einem alten Bäcker, und er hat ganz viel über Brot gesprochen. Johann, so heißt der Bäcker, ist schon fast 80 Jahre alt. Er arbeitet immer noch in der Bäckerei von seinem Sohn. Sein Schwarzbrot ist am besten, sagt der Sohn. Aber mir hat es nicht gut geschmeckt. Das Zeugnis ist – na ja. Ich finde die Noten nicht schlecht, aber Mama und Papa waren nicht glücklich. „Du hast zu wenig gelernt", sagen sie. Aber das stimmt nicht. Die Prüfungen waren zu schwer. Ich finde meine Noten sind ziemlich OK! Kommst du in den Ferien ein paar Tage zu mir? Überleg's dir mal.
Bis bald
Petra

1. Was sagt Petra zum Radfahren mit Jan Dobel?
   - A Das Radfahren war nicht schön, es war zu schnell.
   - B Jan Dobel hat Petra ein Foto gegeben.
   - C Die Schüler denken, sie sind sehr schnell Rad gefahren.

2. Was sagt Petra zum Projekttag mit dem Bäcker Johann?
   - A Johann war 80 Jahre lang Bäcker.
   - B Das Schwarzbrot von Johann findet sie nicht gut.
   - C Die Brezeln von den Schülern haben nicht geschmeckt.

3. Was sagt Petra zum Zeugnis?
   - A Petra findet ihr Zeugnis ziemlich gut.
   - B Die Eltern haben oft mit Petra gelernt.
   - C Petra ist glücklich über das Zeugnis.

9 Umfrage in der Klasse: Unsere Schule

a Fragen zur Schule. Ergänze *welchen*, *welches* oder *welche*.

1. _Welche_ Lehrerin hast du in Mathe? 2. _____ Fach magst du nicht gern? 3. _____ Buch liest du gerade? 4. _____ Note hast du in Biologie? 5. _____ Lehrer magst du? Herrn Mai? 6. _____ Fächer findest du gut? 7. _____ Projekte habt ihr gemacht?

b Ergänze die Tabelle.

	Nominativ	Akkusativ
der Tag	_Welcher_ Tag ist heute?	_____ Tag magst du nicht?
das Fach	_____ Fach ist das?	_____ Fach hast du jetzt?
die Sprache	_____ Sprache ist das?	_____ Sprache lernst du?
die Noten	_____ Noten sind gut?	_____ Noten hast du im Zeugnis?

c Schreibe die Tabelle aus 9b in deiner Sprache ins Heft.

dreizehn 13

10 Viel zu laut!

a Was passt zusammen? Ordne zu.

1. Am Donnerstag haben wir Deutsch. _D_
2. Morgen habt ihr zwei Stunden Mathematik. ___
3. Kann ich bitte dein Mathe-Heft haben? ___
4. Hast du mein Handy gesehen? ___
5. Wo ist meine Tasche? Hast du sie gesehen? ___

A Was möchtest du? Mathe?
B Ach! Du suchst deine Tasche.
C Bitte? Was suchst du?
D Können Sie das bitte wiederholen? Was ist am Donnerstag?
E Entschuldigung! Was haben Sie gesagt? Was ist morgen?

b In der Klasse: *mein, dein, sein* … Ergänze die richtigen Formen.

SKDJF**MEINETASCHE**DKSLFBVCIHRESCHUHEASDFJKLÖDEINENLEHRERTÖDPER
IHREBRILLEBNMDFGADEINELEHRERINSKRSKEUREBÜCHERFGHJUIIHRHEFTHGQW
ETZSEINKLASSENZIMMERVCIHREHAUSAUFGABENPOIUZÖLKIHRSCHLÜSSELMNB

1. Hallo, ich suche __meine__ Tasche! Hast du sie gesehen?
2. Suchst du _____ Lehrer? Dort steht er, auf dem Schulhof. Und ich sehe auch _____ Lehrerin. Hallo, Frau Morfeld!
3. Max sucht _____ Klassenzimmer. Wo ist Raum 204?
4. Frau Morfeld, ich habe _____ Brille gefunden! Und ist das _____ Schlüssel?
5. Tina findet _____ Schuhe nicht mehr! Hat sie jemand gesehen?
6. Holt bitte _____ Bücher raus. Macht sie bitte auf, Seite 42!
7. Die Schüler machen _____ Hausaufgaben. Sie schreiben in _____ Heft.

11 Wie bitte?

Alle bekommen ihre Sachen! Ergänze.

1. Ich suche …
   __meinen__ Schlüssel.
   _____ Heft.
   _____ Tasche.
   __meine__ Schuhe.

2. Du findest …
   _____ Schlüssel.
   _____ Heft.
   __deine__ Tasche.
   _____ Schuhe.

3. Max sucht …
   _____ Schlüssel.
   _____ Heft.
   _____ Tasche.
   __seine__ Schuhe.

4. Tina findet …
   _____ Schlüssel.
   _____ Heft.
   __ihre__ Tasche.
   _____ Schuhe.

5. Ihr findet …
   _____ Schlüssel.
   _____ Heft.
   _____ Tasche.
   __eure__ Schuhe.

6. Frau Müller, sehen Sie …
   _____ Schlüssel?
   __Ihr__ Heft?
   _____ Tasche?
   _____ Schuhe?

Wörter – Wörter – Wörter

12 Über die Schule sprechen

Was passt zu welchem Fach? Ordne zu. Manche Ausdrücke passen mehr als einmal.

> Ball spielen • laufen • die Farbe • die Figur • ein Instrument spielen • eine CD hören
> eine Geschichte lesen • einen Text schreiben • etwas vorspielen • Fotos machen
> ein Bild malen • mit dem Partner sprechen • Musik machen • Rad fahren • ein Lied singen
> tanzen • trainieren • ~~Wörter wiederholen~~

Deutsch	Sport	Kunst	Musik
Wörter wiederholen,			

13 Vorlieben ausdrücken

Welcher Ausdruck passt nicht? Streich ihn durch.

1. Das gefällt mir gut. – Das finde ich klasse. – ~~Es geht.~~ – Das mag ich gern.
2. Das mag ich nicht. – Das mache ich gern. – Das gefällt mir nicht. – Das finde ich blöd.
3. Das finde ich spitze. – Das ist echt super. – Ich weiß nicht. – Das ist toll.
4. Das schmeckt toll. – Das ist nicht gut. – Das liebe ich. – Das ist echt gut.

14 Die Schule – ein Rätsel

Ergänze die Wörter. Wie heißt das Lösungswort?

Das mögen alle Schüler sehr gern. Dann haben sie frei. F E R I E N

In meiner Schule ist von 10.35 bis 10.50 Uhr …

Das mache ich gern in der Schule, das sind meine Lieblings…

Heute sind wir nicht in der Klasse, wir machen …

Frau Müller sieht nicht so gut, sie braucht eine …

Nach der Schule muss ich immer die … machen

Mit dem … kann ich immer telefonieren, nur in der Schule nicht.

Das Lösungswort heißt _____.

15 Meine Wörter

Welche Wörter, Ausdrücke oder Sätze sind für dich wichtig? Schreib auf.

3 Freunde und Freizeit

1 Probleme

a Erinnerst du dich an die Probleme von den Jugendlichen im Kursbuch? Was passt nicht? Streich durch und korrigiere. Aufgabe 1c im Kursbuch hilft.

1. immer viele Fehler im Diktat machen – eine schlechte Note bekommen – zu ~~viel~~ *wenig* gelernt haben – Ärger mit den Eltern haben

2. die Zeit vergessen haben – zu spät nach Hause kommen – die Eltern glücklich sein – sofort ins Bett gehen müssen

3. der neue Film im Kino kommen – Kinokarten kaufen wollen – zu wenig Taschengeld bekommen – die Karten bezahlen können

4. verliebt sein – das Mädchen ihn toll finden – nicht mit dem Mädchen sprechen – der Junge deprimiert sein

b Beschreib die Situationen aus 1a. Schreib in dein Heft.

> 1. Marina macht immer viele Fehler im Diktat und sie hat eine schlechte Note bekommen. ...
> 2. Das Mädchen hat die Zeit vergessen. Sie kommt ...
> 3. Der neue Film kommt im Kino. Tanja und Marco wollen ...
> 4. Basti ist verliebt. Aber das Mädchen ...

2 So ein Ärger!

a Ordne den Dialog.

- ☐ ○ Du hast ja bald Geburtstag. Dann schenke ich dir den Film auf DVD.
- ☐ ● Aber jetzt kommt mein Lieblingsfilm.
- [1] ● Kann ich noch ein bisschen fernsehen, Mama? Bitte!
- ☐ ● Doofe Schule.
- ☐ ○ Du musst den Film ein anderes Mal ansehen. Morgen ist Schule.
- ☐ ○ Nein, du musst jetzt ins Bett.

b Hör zur Kontrolle. (1.9)

3 Nadjas Problem

So kann man es auch sagen. Wie steht das im Beitrag von Nadja? Lies noch einmal im Kursbuch und ergänze.

1. Ich habe Schwierigkeiten mit meiner Freundin.   *Ich habe Probleme mit meiner Freundin.*
2. Sie mag meinen Freund nicht.   _____
3. Er denkt nur an sich selbst.   _____
4. Ich will etwas mit beiden zusammen machen.   _____
5. Was kann ich machen?   _____

16 sechzehn

b Sprecht zu zweit über das Thema Freundschaft. Partner A stellt zwei Fragen mit den Fragewörtern. Partner B antwortet. Tauscht dann die Rollen.

Wer?   Was?   Wo?   Wann?

4 Gute Ratschläge

a Welcher Tipp passt? Ordne zu.

1. Ich habe Schwierigkeiten mit allen Lehrern in meiner Schule.
2. Meine Hausaufgaben sind immer zu schwierig.
3. Ich habe seit zwei Wochen Streit mit einem Freund.
4. Meine Freunde haben nie Zeit für mich!
5. Meine Freundin hat keinen Freund. Sie ist sehr traurig.
6. Ich komme oft zu spät nach Hause. Meine Eltern sind dann besorgt.

A Ich würde mit ihm über das Problem sprechen.
B Ich würde sie mit dem Handy anrufen. Dann wissen sie, wo du bist.
C Ich würde viel mit ihr in der Freizeit zusammen machen. Vielleicht lernt sie einen netten Jungen kennen.
D Ich würde nett zu den Lehrern sein.
E Ich würde neue Freunde suchen.
F Du brauchst Hilfe beim Lernen. Ich würde mit den Lehrern sprechen.

b Schreib die Sätze richtig.

1. würde / sprechen / Ich / über das Problem / .
   Ich würde über das Problem sprechen.

2. Ich / mit anderen Freunden / etwas / würde / machen / .
   _____

3. eine CD / Ich / ihr / schenken / würde / .
   _____

4. machen / einen Mädchentag / würde / Ich / .
   _____

5. mit dem schönen Mädchen / sprechen / Ich / würde / .
   _____

c Was würdest du tun? Ergänze.

1. Ich habe kein Smartphone. — *Ich würde meine Eltern fragen.*
2. Meine Freundin spricht nicht mehr mit mir. — Ich würde ...
3. Ich bekomme zu wenig Taschengeld. — Ich ...
4. Mein Freund zieht in eine andere Stadt um. — Ich ...

5 Mädchentag

a Schreib die Verben im Präsens.

1. angefangen _anfangen_
2. abgeholt _____
3. angerufen _____
4. aufgeräumt _____
5. ausgestiegen _____
6. bekommen _____
7. besucht _____
8. eingeladen _____
9. entschuldigt _____
10. erzählt _____
11. gefallen _____
12. gewonnen _____
13. mitgebracht _____
14. mitgenommen _____
15. verabredet _____
16. versprochen _____

b Welche Verben in 5a sind trennbar? Markiere.

c Untrennbare Verben – aber so ein Chaos! Wie heißt das Partizip?

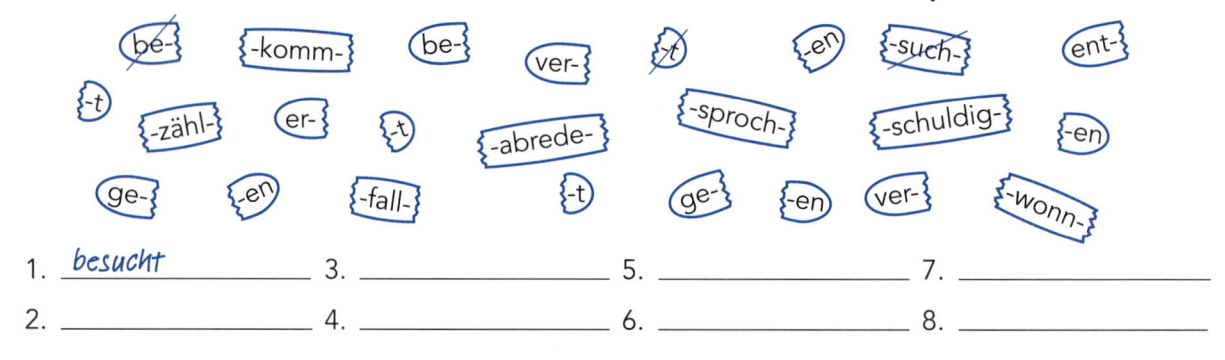

be- · -komm- · be- · ver- · -t · -en · -such- · ent- · -t · -zähl- · er- · -t · -abrede- · -sproch- · -schuldig- · -en · ge- · -en · -fall- · -t · ge- · -en · ver- · -wonn-

1. _besucht_   3. _____   5. _____   7. _____
2. _____   4. _____   6. _____   8. _____

d Ergänze die richtigen Verben im Perfekt. Die Liste in 5a hilft.

~~mitnehmen~~ • gefallen • mitbringen • einladen • anrufen • erzählen • besuchen • bekommen

Gestern habe ich zwei Freundinnen, Marie und Luisa, zu mir nach Hause _mitgenommen_. Sie haben einen Kuchen _____ (1) und wir haben die ganze Zeit viel _____ (2). Dann hat Mirko auf dem Handy _____ (3) und ich habe ihn auch _____ (4). Er hat uns mit zwei Freunden, Lukas und Martin, _____ (5). Ich habe auch noch von meiner Nachbarin Besuch _____ (6) und plötzlich war es eine richtige Party! Mir hat der Tag gut _____ (7).

6 Wortakzent bei Verben

a Was ist betont? Unterstreiche. Hör dann zur Kontrolle.

1.10

<u>ab</u>holen – anfangen – aufstehen – aussteigen – beschreiben – einladen – entschuldigen – erklären – gewinnen – mitbringen – vergessen – verstehen

b Hör noch einmal und sprich nach.

7 Jungentag?

a Hör noch einmal das Gespräch aus dem Kursbuch. Was ist typisch für Linus? Kreuze an.

1.11

1. [A] Linus mag jeden Sport.   [☒] Linus schwitzt beim Basketball.
2. [A] Linus geht nicht auf die Straße, wenn es regnet.   [B] Linus liebt den Regen.
3. [A] Linus tanzt nicht gut.   [B] Linus tanzt super.
4. [A] Linus geht immer gern ins Kino.   [B] Linus hat keine Lust auf Kino.
5. [A] Linus hat viele Freunde.   [B] Linus hat keine Freunde.

b Welche Sätze passen zusammen? Ordne zu.

1. Ich rufe den Arzt an.   A Sie ist müde.
2. Er bekommt ein großes Geschenk.   B Du bist krank.
3. Wir gehen im Park spazieren.   C Die Sonne scheint.
4. Wir bleiben zu Hause und hören Musik.   D Du hast Hunger.
5. Du musst etwas essen.   E Er hat Geburtstag.
6. Sie muss ins Bett gehen.   F Es regnet den ganzen Tag.

c Verbinde die Sätze aus 7b mit *wenn*. Achte auf das Verb im *wenn*-Satz.

1. *Ich rufe den Arzt an, wenn du krank bist.*
2. _____
3. _____
4. _____
5. _____
6. _____

d Schreib die Sätze aus 7c in deiner Sprache ins Heft.

8 Wenn ...

Wann machst du das? Ergänze die Sätze.

1. Ich schwitze, wenn _____
2. Ich gehe ins Kino, wenn _____
3. Ich bringe dir einen Kuchen mit, wenn _____
4. Ich besuche dich, wenn _____
5. Ich gehe traurig nach Hause, wenn _____

neunzehn 19

3

9 Verabredungen

a Wie fragt man bei einer Verabredung? Kreuze an.

- [X] Kommst du morgen mit ins Kino?
- [ ] Hast du morgen Zeit?
- [ ] Wie geht's dir?
- [ ] Willst du mit mir ins Aquarium gehen?
- [ ] Schwitzt du beim Sport?
- [ ] Was machst du morgen um 12 Uhr?
- [ ] Wo ist der Flohmarkt?
- [ ] Wie viel kostet die Kinokarte?

b Kommst du mit? Mach eine Tabelle im Heft. Ordne die Sätze richtig ein.

> Tut mir leid. Ich habe keine Lust. • ~~Tolle Idee!~~ • Ich weiß es noch nicht. • Nein, ich habe keine Zeit. • Einverstanden! Bis dann. • Schade, das ist zu früh. • ~~Ich kann leider nicht mitkommen.~~ • Vielleicht. • Oh ja, super! • Ich bin schon verabredet. • Ja, gern. Wann?

☺	☺	☹
Tolle Idee!		Ich kann leider nicht kommen.

c Wo oder wohin? Wie muss es heißen? Kreuze an.

1. Das Theater beginnt um 18 Uhr. Treffen wir uns [ ] ins [X] im Theater?
2. Kommst du morgen mit [ ] in die [ ] in der Disco?
3. Wir treffen uns am Freitag [ ] ins [ ] im Kino. Kommst du mit?
4. Bist du morgen [ ] zur [ ] in der Sporthalle?
5. Willst du mit mir [ ] zum [ ] auf dem Flohmarkt gehen?

10 Tom ist unterwegs.

Du hörst drei Verabredungen. Zu jeder Verabredung gibt es drei Bilder. Kreuze das richtige Bild an.

1.12

1. A / B / C 
2. A  / B  / C 
3. A  / B  / C

20 zwanzig

Wörter – Wörter – Wörter

11 Orte in der Stadt

Wo kann man sich treffen? Löse das Rätsel.

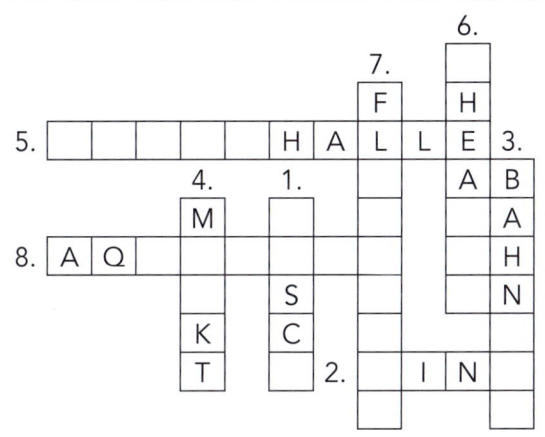

1. Hier kann man tanzen. Die Musik ist laut.
2. Einen neuen Film sieht man im … .
3. Hier kommen viele Züge an.
4. Frisches Obst und Gemüse gibt es auf dem … .
5. Hier kann man Ball spielen, wenn es regnet.
6. Es ist wie ein Kino, aber man sieht keinen Film.
7. Hier kann man alte Dinge, Möbel und Kleidung kaufen.
8. Hier schwimmen viele Fische.

12 Aktiv in der Stadt

Welche Wörter findest du in den Schlangen? Eins passt nicht: welches? Streich durch.

Disco: BEZUVERHTANZENROBULDJFRUSATRINKENKLASTOPESSENGRATUKLA
Straßenfest: WICKUSTRASSERUPÖLHALTESTELLEIKCKONZERTPLIFLOHMARKT
Kino: GRAMSFRÜHSTÜCKLAPERIAMKARTEHUSULOFILMWEAFLODUNKELMONS
Aquarium: FAMULERFISCHECHOAREWASSERFLÄRBEHUNDEKÄSUFÜTTERNRA
Sporthalle: ZUHALSSCHMERZENMABASKETBALLRETURNSCHUHEMISCHWITZEN

13 Eine Idee …?

Welches Wort passt: haben, sein, machen? Ordne zu.

viel zusammen
einen Mädchentag
etwas mit Freunden
keinen Spaß

eine Idee
keine Lust
Probleme
Angst

besorgt
verliebt
deprimiert
egoistisch

14 Fragen über Fragen

Was fragt der Vater den Sohn? Schreib sechs Sätze in dein Heft.

Hast du ….?

Mama
Onkel Guido
eine gute Note
dein Zimmer
deine Schwester
Oma

aufgeräumt
abgeholt
bekommen
besucht
eingeladen
angerufen

Hast du Onkel Guido eingeladen?
Hast du Oma …?

15 Meine Wörter

Welche Wörter, Ausdrücke oder Sätze sind für dich wichtig? Schreib auf.

einundzwanzig 21

4 Erklär mal!

1 Warum bist du zu spät?

Was ist passiert? Schreib immer zwei Sätze in der Vergangenheit.

1. (Pia – mit dem Bus – fahren / Sie – im Bus – schlafen)
   Pia ist mit dem Bus gefahren. Sie hat im Bus geschlafen.

2. (Herr Müller – zu Fuß – gehen / Das Auto – einen Platten – haben)
   _____

3. (Nadja – auf die U-Bahn – warten / Die U-Bahn – zu spät – sein)
   _____

4. (Jannik und Max – den Bus – nicht nehmen / Sie – kein Geld – haben)
   _____

2 Entschuldigung, ich …

Du hörst vier kurze Texte. Du hörst jeden Text zweimal. Wähle für die Aufgaben 1 bis 4 die richtige Lösung a, b oder c.

1.13

1. Warum kommt Lena zu spät?
   - A Der Bus hat nicht auf sie gewartet.
   - B Sie ist mit dem Bus gefahren, aber der Bus hatte Verspätung.
   - C Der Bus hatte Verspätung, deshalb ist sie gelaufen.

2. Was ist Niko am Montag passiert?
   - A Er hat sein Geld verloren.
   - B Der Bus ist zu spät gekommen.
   - C Sein Fahrrad war kaputt und er musste laufen.

3. Warum fährt das Mädchen mit dem Fahrrad zur Schule?
   - A In der U-Bahn sind zu viele Leute und der Bus hat oft Verspätung.
   - B Es gibt keinen Bus und keine U-Bahn.
   - C Mit dem Fahrrad ist sie sehr schnell.

4. Was müssen die Leute an der U-Bahn-haltestelle tun? Sie müssen …
   - A 20 Minuten warten oder den Bus nehmen.
   - B 30 Minuten warten oder zu Fuß gehen.
   - C die U-Bahn Richtung Bahnhof nehmen.

3 Nichts als Ausreden!

a Was passt zusammen? Ordne zu.

1. Ich war so müde.
2. Meine Schuhe waren weg.
3. Ich hatte kein Geld für den Bus.
4. Der Wecker hat nicht geklingelt.
5. Der Bus hatte einen Platten.

A Ich musste zu Fuß gehen.
B Ich bin beim Frühstück wieder eingeschlafen.
C Ich habe zu lange geschlafen.
D Er konnte nicht fahren.
E Ich konnte nicht aus dem Haus gehen.

b Verbinde die Sätze aus 3a mit *deshalb*. Schreib in dein Heft.

1. Ich war so müde, deshalb bin ich beim Frühstück wieder eingeschlafen.

c Welche Form ist richtig? Kreuze an.

1. Robbie [X] musste [ ] musstet auf die U-Bahn warten.
2. Pia und Paul [ ] konntest [ ] konnten nicht früher kommen.
3. Sie erzählen: „Wir wollten früher kommen, aber wir [ ] mussten [ ] musstet zu Fuß gehen."
4. Nadja sagt: „Warum [ ] konnte [ ] konntet ihr mich nicht anrufen?"
5. Pia sagt: „Ich [ ] wollte [ ] wollten ja, aber ich hatte kein Handy dabei!"
6. Paul sagt: „Du [ ] musste [ ] musstest auf uns warten – entschuldige bitte!"
7. Endlich [ ] konntet [ ] konnten sie in den Park gehen.

d Ergänze die Präteritum-Formen. Übung 3c hilft dir dabei.

	können	müssen	wollen
ich		musste	
du			wolltest
er/es/sie	konnte		

	können	müssen	wollen
wir			
ihr		musstet	
sie/Sie			wollten

4 Wunsch und Wirklichkeit

a Platos Tag. Was wollten die anderen machen? Ergänze die Modalverben.

1. „Ich _wollte_ in Ruhe schlafen, aber ich _____ nicht – Plato _____ mit mir spielen. Aber ich spiele nicht mit Hunden!"

2. „Ich war am See und Plato _____ mitkommen. Aber er _____ nicht – ich bin mit dem Fahrrad gefahren."

3. „Plato _____ spazieren gehen, aber ich _____ leider meine Hausaufgaben machen – der Arme!"

4. „Ich war so hungrig – ich _____ die Wurst einfach haben! Plato _____ sie auch essen, aber ich war schneller!"

b Was war das Problem? Schreib Sätze in dein Heft. Der Kasten hilft dir.

zu teuer • keine Plätze frei • Schuhe kaufen • ~~Eltern haben es verboten~~ • ins Kino gehen • ~~campen~~

1. Cornelia
2. Lucia 
3. Luis und Kristina 

1. Cornelia wollte campen, aber sie konnte nicht. Ihre Eltern haben es verboten.

dreiundzwanzig 23

5 Mensch, das ist doch ganz einfach!

Ordne die Wörter zu.

> der Computer • die E-Mail • das Passwort • ~~der Posteingang~~

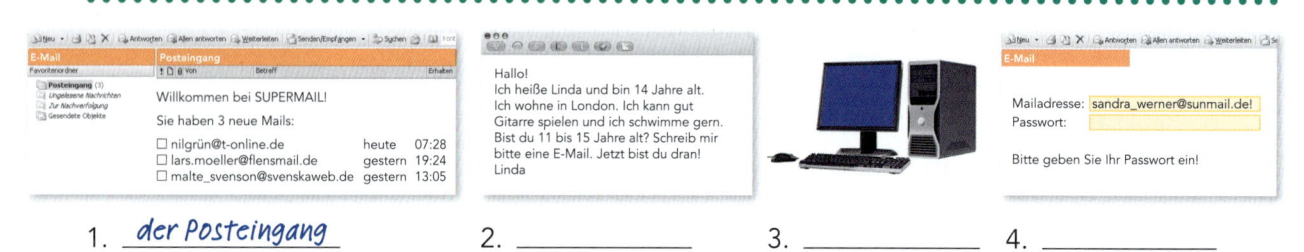

1. _der Posteingang_   2. _____   3. _____   4. _____

6 Wie schickt man E-Mails?

a Wie öffnet man ein Mailprogramm? Ordne die Sätze.

___ die Webseite vom Mailprogramm wählen   ___ zum Posteingang kommen

_1_ Internetbrowser öffnen   ___ auf der Startseite das Passwort eingeben

b Schreib einen kurzen Text für einen Freund mit den Sätzen aus 8a in dein Heft. Der Kasten hilft.

> ~~zuerst~~ • anschließend • zum Schluss • danach

Hallo! Ins Mailprogramm kommst du ganz einfach. Zuerst öffnest du den ...

c Du hast etwas nicht verstanden. Was sagst du? Sortiere die Sätze. Schreib auch in deiner Sprache.

	Deutsch:	deine Sprache:
1. Was / du / meinst / ?	Was meinst du?	_____
2. du / das / erklären / Kannst / ?	_____	_____
3. verstehe / nicht / Ich / .	_____	_____
4. langsam / bitte / noch / mal / Erklär / !	_____	_____
5. denn / Was / das / ist / ?	_____	_____

d Was kannst du sagen? Wähle einen Satz oder eine Frage aus 8c.

1. ● Gestern habe ich mit einer Freundin geskypt.
   ○ Geskypt? Was _meinst du_ ?

2. ● Kennst du „Skype" nicht?
   ○ Nein. _____ ?

3. ● Skypen ist telefonieren im Internet.
   ○ Hm. Ich _____ .

4. ● Das ist super! Ich skype ganz oft!
   ○ Das möchte ich auch probieren. _____ ?

5. ● Also, du meldest dich bei Skype an, dann öffnest du das Programm und …
   ○ Moment – _____ !

24   vierundzwanzig

7 Alles klar?

a Was passt nicht zu einem Computer? Streich durch.

- die DVD / ~~das Kino~~ / das Computerspiel
- surfen / segeln / chatten
- Radio hören / Filme sehen / Partys machen
- die Schlüssel / die Tasten / die Boxen
- die Mailbox / die Internetadresse / die Hausnummer
- ein Programm anklicken / einen Platten haben / eine Nachricht bekommen

b Was kann man damit machen? Erkläre. Der Kasten hilft.

1. Mit den Tasten _kann man eine Mail schreiben._
2. Mit dem Handy _____
3. Mit den Boxen _____
4. Mit dem Passwort _____

> ~~eine Mail schreiben~~
> Radio hören
> eine Nachricht schicken
> sein Mailprogramm öffnen

c Hör das Gespräch und ergänze die Lücken. (1.14)

- ● Kannst du mir bitte _helfen_?
- ○ Ja, klar. Was ____ denn los?
- ● Ich habe ____ zwei Tagen ein neues Handy. Ich möchte die Mailbox hören, aber wie? Das ____ ich nicht.
- ○ Zeig mal. Ach ja, ich ____. Also, es ist ganz einfach. Zuerst ____ du die 5533, dann kommst du ____ einem Programm.
- ● Das verstehe ich jetzt ____. Was für ein Programm ist das?
- ○ Ein Programm für die Mailbox. Und dann: Hör einfach zu. Die ____ alles.

8 Auslautverhärtung

a Was hörst du: t oder d? Wie schreibt man die Wörter richtig? Ergänze. (1.15)

1. „t" / Ra_d_   2. ___ / Rä__er   3. ___ / ra__en   4. ___ / Bä__er   5. ___ / ba__en   6. ___ / Ba__

b Was hörst du: p oder b? Kreuze an. (1.16)

1. b p   2. b p   3. b p   4. b p   5. b p   6. b p

c Was hörst du: k oder g? Wie schreibt man die Wörter richtig? Ergänze. (1.17)

1. Fra_g_ – Fra__e   2. Dan__ – dan__en   3. Ta__ – Ta__e   4. mö__en – ma__
   „k" – „g"   ___ – ___   ___ – ___   ___ – ___

d Hör die Sätze und sprich mit. Achte auf die unterstrichenen Buchstaben. (1.18)

1. Ich rate dir: Fahr mehr Ra_d_. Das ist gesun_d_ und hält fit.
2. Bal_d_ ist rechts der Wal_d_.
3. Den Montag mag ich nicht.

9 Ein besonderer Tag

a Lies die Antworten von Eva und Irina. Was passiert an einem besonderen Tag? Markiere.

„Was ist für dich ein besonderer Tag?"

Eva, 13 Jahre, Geburtstagskind:
Ein besonderer Tag? Heute! Ich lade meine Freunde ein und meine Mutter backt einen Kuchen.

Irina, 14 Jahre, Schülerin am Schiller-Gymnasium:
Ein besonderer Tag ist für mich ein freier Tag: Ich habe keine Schule, keine Hausaufgaben, keinen Gitarrenunterricht. Ich bleibe zu Hause und mache nichts!

b Schreib zu jeder Person zwei wenn-Sätze über ihren besonderen Tag. Achtung! Das Verb und die Pronomen sind anders.

1. *Für Eva ist ein besonderer Tag, wenn sie ihre Freunde einlädt.*

   Es ist ein besonderer Tag, wenn ihre ...

2. _____

10 Projekt: Culcha Candela

P Lies die E-Mail von deiner Freundin Lena und schreib eine Antwort. Schreib ca. 50 Wörter. Beantworte alle Fragen. Schreib am Ende einen Gruß.

Liebe(r) …,
Ich habe lange nichts von dir gehört. Wie geht es dir?
Gestern hatte ich einen ganz besonderen Tag. Das muss ich dir erzählen. Du weißt, ich spiele im Fußballverein. Gestern mussten wir gegen 4 Teams spielen und wir haben alle Spiele gewonnen! Wir waren so glücklich!
Was ist für dich ein besonderer Tag? Du magst doch Fußball. Wollen wir zusammen spielen? Kommst du mich mal besuchen? Wann?

Liebe Grüße
Lena

Wie geht es dir?

Kommst du mich mal besuchen? Wann?

*Liebe Lena,
danke für deine E-Mail. Ich freue mich immer, wenn du mir schreibst. Zu deinen Fragen: ...*

Was ist für dich ein besonderer Tag?

Wörter – Wörter – Wörter

11 Verkehrsmittel

a Hier ist viel los! Markiere nur die Verkehrsmittel.

aber<mark>ubahn</mark>dasistbusdochnichtmotorradsoschwerautooderstraßenbahnwasdenkstfahrradduzug

b Schreib die Verkehrsmittel mit Artikel und im Plural ins Heft.

die U-Bahn, die U-Bahnen

c Wie heißt das Wort? Ergänze die fehlenden Buchstaben.

1. Sie U-Bahn ist immer noch nicht da. Sie hat
2. Der Bus kommt jetzt immer erst um 9:10 Uhr. Es gibt einen neuen
3. Es ist Viertel nach sechs. Du bist 15 Minuten zu
4. Du musst um 8 Uhr am Bahnhof sein. Bitte sei
5. Mein Fahrrad ist kaputt. Ich habe einen

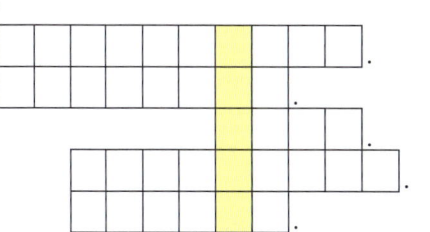

12 Silbenrätsel

Welche Adjektive für Musik gibt es hier? Schreib auf.

fröh • ~~ig~~ • ig • lang • lich • mono • rig • ~~rock~~ • roman • ruh • sam • tisch • ton • trau

rockig,

13 Abläufe erklären

Finde 10 Wörter zum Thema Computer und Handy.

M	I	A	Z	P	E	S	S	T	L	O
A	N	T	W	O	R	T	E	N	T	T
I	T	A	L	S	I	A	N	E	A	E
L	E	H	O	T	E	W	D	A	S	N
B	O	B	**W**	**E**	**B**	**S**	**E**	**I**	**T**	**E**
O	L	R	U	I	C	H	N	E	E	W
X	A	O	N	N	O	L	K	F	V	M
A	B	W	I	G	E	M	A	P	P	A
H	R	S	P	A	S	S	W	O	R	T
R	I	E	V	N	A	O	U	S	E	R
B	P	R	O	G	R	A	M	M	J	Y

1. *die Webseite*
2. _____
3. _____
4. _____
5. _____
6. _____
7. _____
8. _____
9. _____
10. _____

14 Meine Wörter

Welche Wörter, Ausdrücke oder Sätze sind für dich wichtig? Schreib auf.

A Training

1 Sprechtraining: Fragen und antworten zu einem Thema

a Du sprichst mit einem Partner / einer Partnerin. Du stellst ihm/ihr zu jeder Karte eine Frage. Welche Fragen passen zur Karte? Vergleicht.

Schule?

Sport?

a	Wie lange gehst du schon in die Schule?	a	Welche Sportler findest du gut?
b	Welchen Beruf möchtest du haben?	b	Welchen Sport machst du?
c	Welche Fächer magst du gern, welche nicht?	c	Spielst du Klavier?
d	Wie kommst du zur Schule?	d	Was findest du besser, Fußball oder Volleyball?

b Arbeitet zu zweit. Stellt die passenden Fragen und antwortet. Wechselt ab.

Wie lange gehst du schon in die Schule?

7 Jahre. Zuerst bin ich vier Jahre in die Grundschule gegangen.

c Notiere zu jedem Kärtchen drei Fragen. Vergleicht dann eure Fragen.

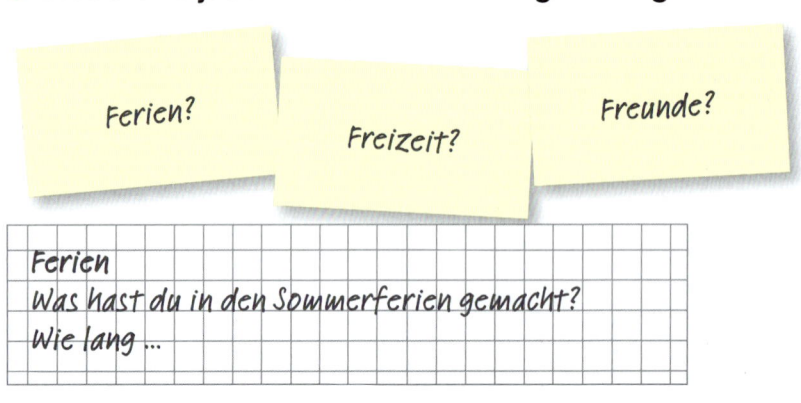

Ferien?   *Freizeit?*   *Freunde?*

Klasse – Lehrer – Fächer – Mitschüler – Zeugnis – Note …

Ferien
Was hast du in den Sommerferien gemacht?
Wie lang …

d Notiere zu jeder Frage drei Stichwörter oder Ausdrücke für eine Antwort.

1. Was hast du in den Sommerferien gemacht?
   lang schlafen, mit den Eltern wegfahren

2. Wie oft triffst du deine Freunde?
   _____

3. Was machst du am liebsten in deiner Freizeit?
   _____

e Sprich mit einem Partner / einer Partnerin. Stellt die Fragen aus 1c und 1d und antwortet in ganzen Sätzen.

Was hast du in den Sommerferien gemacht?

Ich habe lang geschlafen und …

Training A

2 Sprechtraining: Von einem Ereignis berichten

a Seht die Bilder an. Was ist passiert? Ordnet die Ausdrücke den Bildern zu.

a alle Sachen fallen in den Schnee • b aus dem Haus kommen • c das Fahrrad nehmen • d die anderen Schüler lachen • e die Hausaufgabe zeigen müssen • f die Schulsachen in den Rucksack geben • g es ist schon spät • h es schneit • i mit dem Fahrrad stürzen

Bild 1	Bild 2	Bild 3	Bild 4	Bild 5
b, h				

b Was passiert wann? Sprecht zu zweit. Jeder erzählt die Sätze zu einem Bild.

danach • zum Schluss • dann • anschließend • zuerst

Zuerst ist Kolja aus dem Haus gekommen. Es hat geschneit. Dann ...

3 Sprachmittlung: Etwas erklären

a Der Lehrer erklärt, was ihr an eurem Projekttag macht. Welche Aussagen stimmen? Kreuzt an.

1. In dieser Woche gibt es am Freitag einen Projekttag.
2. Die Schüler können ein oder zwei Projekte auswählen.
3. Die Schüler besuchen in Musik ein Konzert.
4. Beim Projekt von Herrn Peters fragen die Schüler alte Leute.
5. Frau Morscher trainiert mit ihren Schülern Volleyball.
6. Im Biologie-Projekt ist das Thema „Fische im Bodensee".
7. Das Kunst-Projekt von Frau Viertler ist schon morgen.
8. In Mathematik gibt es keinen Projekttag.
9. Die Schüler müssen sich am Dienstag in der Schule anmelden.

b Hört noch einmal und korrigiert die falschen Aussagen.

2. Die Schüler müssen ...

c Ein Freund oder eine Freundin aus deiner Klasse war nicht im Unterricht. Berichte ihm/ihr in eurer Sprache die wichtigen Informationen zum Projekttag. Der Mitschüler / Die Mitschülerin kann auch Fragen stellen.

Welche Projekte gibt es? Welches Projekt wählst du aus? Warum gefällt es dir? Welche Projekte findest du nicht so gut? Wann und wie muss man sich anmelden?

5 Sport

1 Ich bin ein Fan von …

a Welchen Sport machen die jungen Leute? Hör zu und ergänze die Tabelle links. Nicht alle Sportarten im Kasten passen.

> Schwimmen • Tennis spielen • Volleyball spielen • Ski fahren • Snowboard fahren
> Skateboard fahren • ~~Laufen~~ • Reiten • Rad fahren • Fußball spielen • Kanu fahren

	Sport	Was braucht man dazu?
1. Lorenz	Laufen	Laufschuhe
2. Ellis		
3. Tina		
4. Betti		
5. Tim		
6. Claus		

b Was braucht man für diesen Sport? Schreib ein oder zwei Wörter rechts in die Tabelle. Nicht alle Wörter passen.

> Volleyball • Mütze • ~~Laufschuhe~~ • Tennisschuhe • Badehose • Snowboard • Gummistiefel
> Skateboard • Fahrrad • Tennisball • Fußball • Reithose • Bikini

2 Leon und seine Lieblingssportler

a Ergänze die Lücken. Der Text im Kursbuch hilft.

Leon macht Sport und ist ein _____ (1). Aber Sport in der Schule ist _____ (2), sagt er.

Es macht _____ (3) Spaß. Leon fährt Snowboard und er _____ (4) Fußball.

Jérôme Boateng _____ (5) er besonders gut, und _____ (6) Antoine Griezmann.

b Was hörst du, A oder B? Kreuze an.

1. A Leon fährt Snowboard und kann ein paar super Tricks.
   B Leon lernt Snowboard fahren und macht einen Kurs.
2. A Beim Sport in der Schule macht nur Fußball Spaß.
   B Leon sagt, Sport in der Schule ist langweilig.
3. A Leon hat ein Autogramm von Jérôme Boateng bekommen.
   B Jérôme Boateng ist wichtig für die Mannschaft, deshalb ist er arrogant.
4. A Der Lieblingsverein von Leon ist der FC Köln.
   B Jérôme Boateng spielt auch für Leons Lieblingsverein.

30 dreißig

5

3 Sportler und ihre Fans

a Du liest auf einer Fan-Seite folgenden Text. Der Text hat fünf Lücken. Finde für jede Lücke das passende Wort und schreib es hinein. Achtung: Es gibt ein paar Wörter zu viel!

Wörter: gewinne, möchte, sehe, ~~gratuliere~~, schön, wünsche, euch, sympathisch, mich, glücklich

AUTOR: Lucia Franulescu schrieb am 14.06., 11:23:48 Uhr

NACHRICHT:
Liebe Tina, liebe Franzi!

Nach dem Rennen in Moskau _gratuliere_ (0) ich euch: Platz eins ist toll!!! Aber ihr seid immer die Nummer eins für ____ (1). Schade, dass ich euch immer nur im Fernsehen ____ (2). Euer Sieg in London bei den Olympischen Spielen war so toll. Seitdem fahre ich auch Kanu. Dieser Sport ist einfach so ____ (3). Ich bin auch schon ein paar Rennen gefahren. Ihr seid immer so nett zu uns Fans und so ____ (4). Und ihr seid so freundlich, wenn man ein Foto möchte. Eure Autogramme hängen über meinem Bett. Und für alle Rennen ____ (5) ich euch viel, viel Glück.

Ganz liebe Grüße von Lucia

b Was passt zusammen? Ordne zu.

1. _C_ Leon sieht gern beim Fußball zu.
2. ___ Peter fährt oft Snowboard.
3. ___ Betty möchte Dirk Nowitzki sehen.
4. ___ Betty spielt gut Basketball.
5. ___ Eva ist im Skiclub.

A Sie trainiert sehr oft.
B Sie ist ein Fan von ihm.
C Die Spiele sind spannend.
D Ski fahren ist ihr Hobby.
E Er möchte gute Tricks lernen.

c Verbinde die Sätze aus 3b mit *weil*. Schreib in dein Heft. Wie heißt das in deiner Sprache? Übersetze die Sätze 1–3 und schreibe auch.

Leon sieht gern beim Fußball zu, weil die Spiele spannend sind.

4 Fan sein oder nicht?

Warum lieben die Fans ihre Stars? Schreib die Sätze fertig.

1. hat viel Erfolg — Leon mag Antoine Griezmann, _weil er viel Erfolg hat._
2. seine Interviews sind gut — Betty liebt Dirk Nowitzki, _____
3. gewinnt fast immer — Marius mag Novak Djokovic, _____
4. ist cool — Theresa ist Fan von Shaun White, _____
5. verdient viel Geld — Tom findet Jérôme Boateng cool, _____

einunddreißig 31

5 Beim SV Rasentreter

a Worüber spricht Kolja? Kreuze die vier richtigen Antworten an.

☐ Rad fahren ☐ Sport in der Schule ☐ Training ☐ Tore schießen
☐ der Sportlehrer ☐ ein Mädchen spielt mit ☐ der Sportplatz ☐ ein Spiel gewinnen

b Hör noch einmal. Was stimmt nicht? Streich das falsche Wort durch und korrigiere.

1. Paul und ich fahren oft ~~mit dem Bus~~ zum Fußballtraining. _mit dem Rad_
2. Paul war schneller als ich. Aber sein Fahrrad ist neu! _____
3. Der Trainer ist sehr nett und das Training ist langweilig. _____
4. Der Trainer sagt, ich muss mehr turnen. _____
5. Beim letzten Match habe ich kein Tor geschossen. _____

6 Vorlieben und Sport

a Vergleiche. Mach Sätze mit *als*.

Leon

1. schön finden: Fußball ☺☺ / Volleyball ☺ — Leon findet Fußball _schöner als Volleyball._
2. gern mögen: Dirk Nowitzky ☺ / Shaun White ☺☺ — Leon mag _____

Angie

3. gut finden: Fußball ☺☺ / Turnen ☺ — Angie findet _____
4. anstrengend finden: Laufen ☹ / Skateboard fahren ☹☹ — Angie findet _____

b Wo passen die Adjektive? Ordne zu. Manche Adjektive passen mehrmals.

jung • ~~alt~~ • groß • ~~reich~~ • cool • teuer • schnell • langsam • dick • dünn • klein

Person: _alt, reich, ..._
Katze: _____
Motorrad: _____

Person: _____
Hund: _____
Auto: _____

c Schreib zu jedem Bild drei Vergleiche.

1. Der Mann _ist älter als die Frau._
2. Die Katze _____
3. _____

1. Die Frau _____
2. _____
3. _____

7 Bitte nicht vergessen!

a Ergänze die Nachrichten.

> Entschuldigung • fahren • Fahrrad • ~~komme~~ • muss • Prüfung
> ~~Spiel~~ • Sportplatz • Trainer • ~~Training~~ • verpasst • melden

1
Hallo Clemi,
ich kann nicht zum _Training_ kommen, ich _____ lernen. Morgen _____ in Mathe!! Komme morgen um 17.00 zum _____. Okay so?
Flo

2
Hi Leute,
Spiel gegen Seefeld: So, 14.30, Abfahrt 13.00! Wer kann _____? Eltern bitte _____! Eure _____
H & H

3
Hallo Trainer,
ich _komme_ ca. 15 Min. zu spät, _____. Muss das _____ nehmen, habe den Bus _____.
☹
Bis gleich, Matthi

b Sprich mit deinem Partner / deiner Partnerin. Jeder wählt zwei Fragen und bereitet sie vor. Erzählt dann. Wechselt euch ab.

A Machst du Sport? Welchen Sport findest du gut? Erzähle.
B Was hast du am Wochenende gemacht? Wo warst du? Erzähle.
C Was machst du gern? Erzähle von deinem Hobby.
D Welchen Sportler / Welche Sportlerin findest du gut? Warum? Erzähle.
E Was hast du in den letzten Ferien gemacht? Wo warst du? Erzähle.
F Von wem bist du ein Fan? Warum findest du diese Person gut? Erzähle.

A Volleyball, Tennis

> Ich spiele Volleyball. Das finde ich toll. Ich …

8 pf und ts

a Mein Name ist … Welchen Namen hörst du? Kreuze an.

1. a Hoffer / b Hopfer
2. a Stoffner / b Stopfner
3. a Klopper / b Klopfer
4. a Rumper / b Rumpfer
5. a Kippler / b Kipfler
6. a Hopp / b Hopf

b Hör die Wörter. Ergänze die Buchstaben s, t oder z.

1. Tan_t_e 2. tan__en 3. __eit 4. __eit 5. kur__ 6. Kur__ 7. __elt 8. __elten

c Wo spricht man pf, wo ts? Markiere im Text.

Es klo(pf)t in meinem Kopf, ich habe Kopfschmer(z)en. Oder sind es Zahnschmerzen? Ich muss zum Arzt.

Der Zug kommt. Ich finde einen Platz und lese Zeitung. Zwei Stunden später bin ich am Ziel.

d Hör zur Kontrolle. Lies die Sätze aus 8c halblaut: zuerst langsam, dann immer schneller.

dreiunddreißig 33

9 Rekorde, Rekorde!

a Welche Form passt? Hör zu und kontrolliere.

> alt • langsam • am höchsten • am ältesten • ~~am höchsten~~ • älter • hoch • höher • alt • hoch

● Wer springt __am höchsten__ (1)? Javier Sotomayor aus Kuba ist 2,45 m _____ (2) gesprungen. So _____ (3) hat es noch kein anderer Sportler geschafft. Manche Tiere springen _____ (4), bis zu 5 Meter. Aber am besten ist der Delfin, er springt _____ (5) von allen.

○ Und was ist mit der Schildkröte? Schildkröten sind doch so langsam.

● Das stimmt, sie sind _____ (6). Aber sie werden _____ (7), sehr, sehr _____ (8). Die Schildkröte Harriet ist _____ (9) geworden: 175 Jahre! Sie ist 53 Jahre _____ (10) geworden als die älteste Frau. Nicht schlecht!

b Haustiere und ihre Rekorde: Schreib Sätze.

die Maus – ist klein	Die Maus ist am kleinsten.
der Hund – bellt laut	
die Katze – geht leise	
die Schildkröte – wird alt	
der Vogel – singt schön	
der Papagei – spricht gut	

10 Wer kann das am besten?

a Welche Sätze stimmen? Kreuze an.

> Jannik – 6 Jahre, Max – 6 Jahre, Nadja – 14 Jahre, Paul – 15 Jahre

1. [A] Jannik ist so alt wie Max.   [B] Jannik ist älter als Max.
2. [A] Nadja ist so alt wie Max und Jannik.   [B] Nadja ist älter als Max und Jannik.
3. [A] Paul ist älter als Nadja.   [B] Paul ist am ältesten.

b Vergleiche und ergänze die Sätze.

Tom schläft 9 Stunden lang.

Max – auch 9 Stunden	Max schläft __so lange wie__ Tom.
Ali – 10 Stunden	Ali schläft _____ Tom und Max.
Mitja – 12 Stunden	Mitja schläft am _____.

Lisa ist 1,70 m groß.

Eva – auch 1,70 m	Eva ist _____ Lisa.
Mara – 1,74 m	Mara ist _____ Lisa und Eva.
Nadine – 1,80 m	Nadine ist am _____.

Wörter – Wörter – Wörter

11 Sport-Wörter

Ordne die Wörter in die Tabelle.

> der Sportplatz • der Sportler • die Sporthalle • Sportschuhe (Pl.) • der Sportarzt
> die Sporthose • die Sporttasche • der Sportfan • ~~die Sportlehrerin~~ • Sportsachen (Pl.)

Personen	Das nimmt man mit zum Sport	Dort kann man Sport machen
die Sportlehrerin, …		

12 Sportler und Fans

a Stars und ihre Eigenschaften. Welches Adjektiv passt? Nicht alle Wörter passen.

> arrogant • beliebt • berühmt • cool • fair • fröhlich • peinlich • unsympathisch • witzig

Viele Sportfans mögen die Sportlerin und finden sie nett. Sie ist …
Diese Person hat meistens gute Laune, sie ist …
Er glaubt, er ist ein großer Star und er ist der Beste. Er ist …
Wenn man mit der Person spricht, muss man oft lachen. Sie ist …
Sportfans mögen diesen Sportler nicht, sie finden ihn …
Sehr, sehr viele Leute kennen die Person. Sie ist …
Er gewinnt gern, aber kann auch verlieren, wenn andere besser sind: Er ist …

Das Lösungswort heißt: _____

b Welche Wörter sind verwandt? Notiere Paare.

> ~~lieben~~ • ~~spielen~~ • das Training • der Sport • der Trainer • treffen • der Witz
> ~~beliebt~~ • sportlich • der Treffpunkt • witzig • das Spiel

1. _lieben – beliebt_   3. _____   5. _____
2. _spielen –_ _____   4. _____   6. _____

c Ein Wort passt nicht. Streich durch.

1. der Fußball – der Tennisball – der Volleyball – ~~der Fußballfan~~
2. das Schwimmbad – das Snowboard – das Skateboard – das Fahrrad
3. das Fußballspiel – der Tennisball – ein Tor schießen – der Fußballer
4. Erfolg haben – gewinnen – besser sein – verlieren
5. schwimmen – laufen – Bus fahren – Rad fahren

13 Meine Wörter

Welche Wörter, Ausdrücke oder Sätze sind für dich wichtig? Schreib auf.

6 Kleidung und Farben

1 Wie gefällt dir das?

a Wie heißen die Kleidungsstücke? Schreib die Wörter mit Artikel und Farbe. Das Bild im Kursbuch hilft.

der Hut: grau

b Wo ist was? Schreib fünf Sätze.

hinten • vorne • rechts • links • in der Mitte

1. *Hinten ist eine Hose.*
2. ___
3. ___
4. ___
5. ___

c Finde elf Farben. Markiere die Wörter in der passenden Farbe.

G	R	Ö	S	C	H	W	A	R	Z	T	S	E	N	G	Ä	U	T	I	L	E	T	B
R	O	S	A	G	H	K	M	A	R	S	Q	U	G	R	Ü	N	E	S	N	A	T	R
A	R	C	H	R	R	W	A	L	O	C	I	G	E	L	B	O	D	S	L	I	L	A
T	A	B	L	A	U	E	S	V	T	H	W	E	I	S	S	M	I	G	K	A	U	U
I	U	E	T	U	T	O	R	A	N	G	E	X	P	T	U	M	E	R	Y	C	K	N

d Sieh noch einmal das Bild im Kursbuch an. Wo siehst du was? Schreib für jede Farbe einen Satz in dein Heft.

1. Rechts sehe ich ein T-Shirt. Es ist rosa.

36 sechsunddreißig

2 Was sagen die Mädchen?

a Hör das Gespräch und ergänze die Verben.

> ~~sieht~~ • gibt • finde • passt • stimmt

- Und, wie _sieht_ es aus?   ○ Die Hose sitzt super, aber die Farbe _____ ich nicht so toll.
- Echt? Vielleicht _____ es die auch noch in Braun.   ○ Ich kann ja mal schauen. Aber die Größe _____, oder?   • Ja, sie _____ perfekt und ist bequem.

b Was passt zusammen? Verbinde die Sätze.

1. Soll ich das Sweatshirt mal anprobieren?
2. Wie findest du das Kleid?
3. Ein Anzug?! Das ist nichts für mich!
4. Wie sieht die Jacke aus: Stimmt die Größe?
5. Passt mir das Hemd?

A Warum? Probier ihn doch einfach mal an.
B Ja, es sitzt super!
C Ganz hübsch, aber der Rock gefällt mir besser.
D Ja, es steht dir bestimmt gut.
E Ja – sie passt perfekt!

c Schreib eine passende Antwort.

1. Was gefällt dir besser – die Hose oder der Rock?
2. Wie findest du das Hemd?
3. Wie sieht die Jacke aus?
4. Stehen mir die Schuhe?

3 Wem gehört das?

Ergänze die Endungen. Übersetze auch in deine Sprache.

Deutsch	deine Sprache	Deutsch	deine Sprache
1. das weiß_e_ Shirt	_____	4. der schwarz___ Mantel	_____
2. das rosa___ Kleid	_____	5. der rot___ Rock	_____
3. die gelb___ Strümpfe	_____	6. die grün___ Bluse	_____

4 Kleidung und Farben

Was gehört wem? Schreib Sätze in dein Heft.

Laurin — Shirt
Angie — Badeanzug
Oma — Jacke
Betty — Schuhe
David — Hemd

Die weißen Schuhe gehören Betty.
Laurin gehört ...

siebenunddreißig 37

5 Shoppen

a Schreib die Zahlen in Ziffern.

1. dreiundsechzig Euro zwanzig _63,20_
2. achtundsiebzig Euro _____
3. neunzehn Euro neununddreißig _____
4. drei Meter siebenundsechzig _____
5. vierundzwanzig Euro neunzig _____
6. vierunddreißig Euro fünfzig _____
7. ein Meter fünfundvierzig _____
8. acht Euro dreiundzwanzig _____

b Alles im Akkusativ! Ergänze die Artikel und die Endungen.

1. Angie findet d_en_ grün_en_ Bikini für den Urlaub toll.
2. Johannes findet d____ weiß____ Hemd für das Schulfest passend.
3. Laurin findet d____ grau____ Hose für das Familienfest schön.
4. Eva findet d____ lila____ Kleid für die Party uncool.
5. Kilian findet d____ braun____ Hut für das Sportfest gut.
6. Markus findet d____ schwarz____ Anzug für das Familienfest doof.
7. Betty findet d____ schwarz____ Jeansjacke für die Party super.
8. Leon findet d____ blau____ Pullover für das Sportfest passend.

c Lies das Gespräch und wähle die richtige Form: A, B oder C.

1.	2.	3.	4.	5.	6.
A rot	A rot	A blau	A grün	A grau	A grau
☒ rote	B rote	B blaue	B grüne	B graue	B graue
C roten	C roten	C blauen	C grünen	C grauen	C grauen

● Schau mal dort, der (1) _rote_ Rock ist doch super für die Party!

○ Ja, den (2) _____ Rock finde ich auch super. Und für dich ist der (3) _____ Pullover super.

● Was? Nein, der steht mir nicht. Den (4) _____ Pullover mag ich viel lieber.

○ Aber grün ist nicht so cool. Nimm lieber den (5) _____ Anzug, der ist super!

● Der (6) _____ Anzug ist doch nicht super! Jetzt kauf lieber den Rock und dann gehen wir.

6 Was tragt ihr wann?

Mal die Kleidungsstücke in verschiedenen Farben an. Beschreib dann beide Bilder.

Für das Schulfest trägt der Junge das ...

38   achtunddreißig

7 Zusammen im Geschäft

a Du hörst drei Gespräche. Was kaufen die Jugendlichen?

1. _____ 2. _____ 3. _____

b Ergänze die Wörter aus dem Kasten.

> finde • anprobieren • steht • nehme • passt • sehe • gibt • suchen • sind • tut

Lena: Also die grüne Hose _finde_ ich echt super.
Laura: Ja, sie _____ (1) dir bestimmt. Probier sie doch mal an.
Lena: Wo _____ (2) die Umkleidekabinen?
Laura: Hier! Die ist frei, hier kannst du die Sachen _____ (3).
Lena: Und? Wie _____ (4) ich aus?
Laura: Die Farbe ist super, aber die Hose _____ (5) dir nicht richtig.
Lena: Vielleicht _____ (6) es sie noch eine Nummer größer?
Laura: Entschuldigung, können Sie uns helfen? Wir _____ (7) diese Hose in Größe 176.
Verkäuferin: Nein, _____ (8) mir leid. Die Hose gibt es nur noch in dieser Größe.
Lena: Dann _____ (9) ich nur den Pulli.

8 Ist das fair?

Setze aus der Wortliste (A–H) das richtige Wort in jede Lücke ein. Einige Wörter bleiben übrig. Wenn du den ganzen Text gelesen hast, wähle noch eine Überschrift aus.

sparen (A)   Geschenke (D)   Jugendlichen (G)
bezahlen (B)   teure (E)   Erwachsene (H)
Taschengeld (C)   weniger (F)   Woche (Z)

Welches Wort passt in welche Lücke? Schreibe den Buchstaben des Wortes in die Lücke.

Viele deutsche Jugendliche bekommen einmal in der (0) _Z_ oder einmal im Monat (1) _____. Außerdem schenken Verwandte auch an Weihnachten und zum Geburtstag Geld, insgesamt bis zu 200 Euro im Jahr.

Aber was machen die (2) _____ mit dem Geld? Sie kaufen Süßigkeiten, Zeitschriften und Comics, Eis und Getränke. Und viele Jugendliche (ca. 80%) (3) _____ etwas Geld, zum Beispiel für (4) _____ Dinge wie Handy, Kleidung und Computerspiele.

5. Welche Überschrift passt am besten zum Text? Kreuze an!
- [A] Jugendliche in Deutschland haben zu viel Geld
- [B] Deutsche Jugendliche und ihr Taschengeld
- [C] Was deutsche Jugendliche zum Geburtstag bekommen.

9 Projekt: Umfrage „Job, Geld und was wir damit machen"

Bekommst du Taschengeld? Von wem? Was machst du damit? Schreib einen kurzen Text in dein Heft.

6

10 au und eu

a Hör zu und ergänze *au* oder *eu/äu*.
1.29

Fr___en   Url___b   t___er   B___me   P___se   H___ser   M___s

b Welches Wort hörst du? Kreuze an.
1.30
1. A Frauen   2. A kaufen   3. A Räume   4. A lauf   5. A verkaufen
   B freuen   B Käufer   B Raum   B läuft   B Verkäufer

11 Wer ist am schönsten im ganzen Land?

Lies die Aussagen und ergänze einen passenden Satz.

1. Kleidung für Hunde – ☺ _____
2. Schule für Hunde – ☺ _____
3. Schokolade für Katzen – ☹ _____
4. Sonnenbrille für Pferde – ☺ _____
5. Filme mit Tieren – ☺ _____
6. Filme für Tiere – ☹ _____

> Das ist spannend.
> So etwas finde ich blöd.
> Ich finde das interessant.
> Na ja.
> Das ist lustig.
> Das ist langweilig.

12 Ende gut, alles gut?

a Verbinde die Wörter mit dem Bild. Nicht alle Wörter passen.

der Preis   der Anzug   die Uhrzeit   die kurze Hose   der schmutzige Hund

die Bushaltestelle   die Regenjacke

die Umkleidekabine

die Pfütze   das Sweatshirt mit der Nummer neun

das Plakat für die Hundeshow   die Strumpfhose

das Handy   der Regenschirm   die Brille

b Was siehst du auf dem Bild, was siehst du nicht? Schreib Sätze. Der Kasten hilft.

> Vorne sehe ich … • Ich sehe hinten / in der Mitte … • Links / Rechts sehe ich … •
> Ich sehe keine(n) …

Ich sehe in der Mitte eine Pfütze und rechts …

Ich sehe keinen Anzug.

Wörter – Wörter – Wörter

13 Kleidung

a Welches Kleidungsstück passt nicht? Streich durch.

1. der Badeanzug – der Sonnenhut – die Strumpfhose – die Badehose
2. die Mütze – die Handschuhe – der Mantel – der Bikini – der Pullover

b Was gehört zusammen? Bilde Wörter und notiere den Artikel.

{-cke} {-eid} {-emd} {-over} {-se} {-uh} {-umpf} {-zug}

1. _der_ An_zug_
2. _____ Blu_____
3. _____ H_____
4. _____ Kl_____
5. _____ Ja_____
6. _____ Pull_____
7. _____ Sch_____
8. _____ Str_____

14 Farben

Welche Farbe hat das? Verbinde die Wörter. Welche Farben passen nicht?

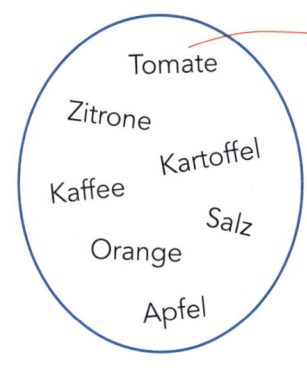

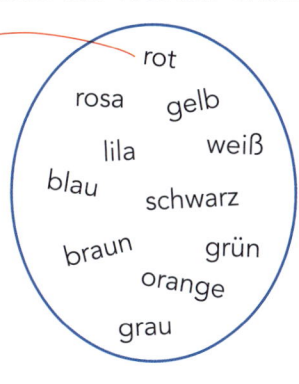

Tomate, Zitrone, Kartoffel, Kaffee, Salz, Orange, Apfel

rot, rosa, gelb, lila, weiß, blau, schwarz, braun, grün, orange, grau

Diese Farben passen nicht:
_____
_____

15 Im Geschäft

Was gibt es in einem Geschäft? Finde die Wörter.

BLIUMKLEIDEKABINEREIPREISELAVERKÄUFERINLOLKLEIDUNGÜTAKASSEPF

16 Buchstabensalat

Wie heißen die Wörter?

1. schbüh _hübsch_
2. llot _____
3. gitlus _____
4. lage _____
5. donerm _____
6. weiliglang _____
7. spuer _____
8. terissanten _____

17 Meine Wörter

Welche Wörter, Ausdrücke oder Sätze sind für dich wichtig? Schreib auf.

_____

einundvierzig 41

7 Freundschaften

1 Der Angeber

Mark, Paul und Pia sprechen. Schreib das richtige Wort in die Lücke.

> egal • traurig • Angst • ~~gewinne~~ • verlierst • schaffst • blöd • Marc • Angeber

Marc: Ich _gewinne_ morgen beim Sportfest.

Und du _____ morgen den Lauf.

Das ist doch nicht _____. Das ist toll.

Paul: Das ist mir doch _____!

Marc ist ein doofer _____.

Quatsch, ich habe doch keine _____!

Pia: Du _____ das schon!

Sei nicht _____!

Wenn _____ gewinnt, ist er immer noch doof.

2 Du schaffst das schon!

Ordne zu. Zu jedem Bild passen zwei Sätze.

> Sei nicht traurig! • Du hast keine Chance! • Das interessiert mich nicht!
> Du schaffst das schon! • Das ist mir doch egal! • ~~Ich gewinne.~~

Ich gewinne.
_____

_____
_____

_____
_____

3 Auf dem Sportfest

Richtig oder falsch? Sieh die Geschichte im Kursbuch noch einmal an und kreuze an.

	richtig	falsch
1. Marc und Paul laufen auf dem Sportfest.	X	☐
2. Am Anfang ist Marc schneller als Paul.	☐	☐
3. Marc läuft am schnellsten und gewinnt den Lauf.	☐	☐
4. Marc ist bei seinen Fans sehr beliebt.	☐	☐
5. Marc hat sich verletzt. Deshalb verliert er den Lauf.	☐	☐
6. Pia hilft Marc nach dem Unfall.	☐	☐

4 Typen

a Schreib die Adjektive richtig.

1. belsisen _sensibel_
2. ttne _____
3. aagnorrt _____
4. raif _____
5. schhüb _____
6. tischmisopti _____
7. nellsch _____
8. liebbet _____
9. üchternsch _____
10. pessitischmis _____
11. rgßo _____
12. lichckschre _____
13. arstk _____
14. spoichrtl _____

b Schreib den Artikel und ergänze die Endung.

1. _der_ Typ — Er ist ein arrogant_er_ Typ.
2. _____ Freunde (!) — Das sind nett_____ Freunde.
3. _____ Freundin — Sie ist eine gut_____ Freundin.
4. _____ Angeber — Er ist ein schrecklich_____ Angeber.
5. _____ Computerspiel — Das ist ein beliebt_____ Computerspiel.
6. _____ Jungen (!) — Das sind keine sportlich_____ Jungen.
7. _____ Konzert — Das ist kein groß_____ Konzert.

c Die Leute magst du! Wähle passende Adjektive aus dem Kasten.

1. Sie ist eine _coole_ Freundin.
2. Ihr seid sehr _____ Nachbarn.
3. Du bist ein _____ Typ.
4. Das sind _____ Leute.
5. Du bist keine _____ Schwester.
6. Er ist kein _____ Bruder.

d Die Leute magst du nicht! Wähle passende Adjektive aus dem Kasten.

1. Sie ist ein _____ Mädchen.
2. Das ist keine _____ Klasse.
3. Das ist ein _____ Hund.
4. Sie sind _____ Schüler.
5. Er ist ein _____ Angeber.
6. Das ist ein _____ Kind.

beliebt
arrogant
schrecklich
nett
schnell
blöd
cool
hübsch
fair
egoistisch
schmutzig
pessimistisch
witzig
toll
langweilig
lustig

5 Wer ist hier der Idiot?!

Ergänze die Sätze.

> wie • was • woher • wann • wen • warum

1. ● _____ bist du gestern nach Hause gegangen? ○ Um 18 Uhr.
2. ● _____ kommt der Zug? ○ Er kommt aus Bremen.
3. ● _____ spät ist es jetzt? ○ Halb sieben.
4. ● _____ kommst du zu spät? ○ Ich hatte einen Unfall mit dem Fahrrad.
5. ● _____ ist passiert? ○ Nichts!
6. ● _____ hast du gesehen? ○ Ich habe den Täter gesehen.

6 Florians Freunde: Wer war's?

a Polizisten-Fragen: Schreib Fragen zu den unterstrichenen Wörtern.

1. Ich habe <u>einen Unfall</u> gesehen. — *Was hast du gesehen* ?
2. <u>Um 19.30 Uhr</u> ist das passiert. — _____ ?
3. Ich war <u>auf der Straße vor dem Kino</u>. — _____ ?
4. Ich wollte gerade <u>ins Kino</u> gehen. — _____ ?
5. Das Auto ist <u>von rechts</u> gekommen. — _____ ?
6. <u>Ein Mann</u> ist verletzt. — _____ ?

b Welches Bild passt zu 6a?

c Was ist auf dem anderen Bild passiert? Schreib drei Polizisten-Fragen zu dem Bild in dein Heft und beantworte sie.

7 Florians Plan

a Schreib die Uhrzeit.

1. 05:30 Uhr _Es ist halb sechs._
2. 19:15 Uhr _Es ist Viertel nach ..._
3. 16:45 Uhr _____
4. 14:25 Uhr _____
5. 19:35 Uhr _____
6. 12:50 Uhr _____

b Gleich geht es los! Lies die Pläne und schreib Sätze: Was passiert wann?

1. **Marias Plan: 18:30 Uhr**
   18:45 Uhr Abendessen
   19:00 Uhr Hausaufgaben machen
   19:30 Uhr Vokabeln lernen

   Jetzt ist es halb sieben.
   In einer Viertelstunde gibt es Abendessen.
   In einer _____
   _____

2. **Fabios Plan: 6:45 Uhr**
   7:00 frühstücken
   7:15 Mario abholen
   7:45 Mathetest schreiben

   Jetzt _____
   _____
   _____
   _____

c Lies die Aufgabe gut durch. Du hast 30 Sekunden Zeit. Situation: Du hörst eine Nachricht auf dem Anrufbeantworter. Hör gut zu und notiere die Informationen. Du hörst den Text zweimal.

Sporttag in Bremen

(0) Tag: _Samstag_
(1) Treffen Gruppe: _____ Uhr
(2) Ort: _____-Schule
(3) Preis Kinder: _____ Euro
(4) Preis Erwachsene: _____ Euro
(5) Infonummer: _____

8 *Ich-* und *Ach-*Laut

a Hör die Sätze und sprich nach.

1. Welche Milch möchte ich?
2. Macht euch doch Licht in der Nacht.
3. Den Kuchen musst du im Bauch suchen.
4. In welcher Woche lachst du nicht?

b Kennst du noch andere Wörter mit *ch*? Schreib auf.

ch wie in *ich*: _____

ch wie in *ach*: _____

9 Ein Entschuldigungsbrief

Du bist mit deiner Freundin Maria am Nachmittag verabredet und kommst eine Stunde zu spät. Ihr möchtet abends ins Kino gehen. Schreib Maria eine Nachricht.

- Warum zu spät?
- Welcher Film?
- Nenn einen Ort und eine Uhrzeit.

_____
_____
_____

fünfundvierzig 45

10 Eine superblöde Idee

a Markiere die Nomen im Kasten: der = blau, die = rot, das = grün. Sortiere die Sätze dann in die Tabelle.

> Das ist eine dumme Idee. • Er ist ein echter Freund. • Ich habe eine gute Idee.
> ~~Er macht einen dummen Fehler.~~ • Sie ist ein nettes Mädchen. • Sie spielen ein blödes Computerspiel

	Sätze mit *sein*	Sätze mit *haben, machen, …*
der	Er ist …	Er macht einen dummen Fehler.
die		
das		

b Nominativ oder Akkusativ: Wie heißt es richtig? Kreuze an.

		Nom.	Akk.
1.	Ich bin	☐ ein guter Freund.	☐ einen guten Freund.
2.	Ich habe	☐ ein guter Freund.	☐ einen guten Freund.
3.	Ich bin	☐ ein echter Freund.	☐ einen echten Freund.
4.	Ich finde	☐ ein echter Freund.	☐ einen echten Freund.
5.	Das ist	☐ ein dummer Fehler.	☐ einen dummen Fehler.
6.	Ich mache	☐ ein dummer Fehler.	☐ einen dummen Fehler.

c Ergänze die Endungen.

> Montag, 23. Juni
> Florian ist ein sehr gut____ (1) Freund von mir. Aber plötzlich hatte er keine Zeit mehr für mich. Miriam, ein blond____ (2) Mädchen aus unserer Klasse, und Florian haben jeden Tag zusammen ein blöd____ (3) Computerspiel gespielt. Ich war sauer und habe einen dumm____ (4) Fehler gemacht. Ich wollte Florian ärgern und habe „Idiot" an die Garage geschrieben.
> Dann hatte er ein groß____ (5) Problem mit seinen Nachbarn: Ich hatte auf eine falsch____ (6) Garage geschrieben! Dann hatte ich eine neu____ (7) Idee. Ich habe an die Garage geschrieben: „Florian ist ein gut____ (8) Freund." Zum Glück ist jetzt alles wieder gut. ☺

11 Was ist Freundschaft?

🔊 1.33 **Hör die Texte. Was ist den Jugendlichen bei ihren Freunden wichtig? Ordne zu.**

1. _____   A Mit einem Freund verbringt man viel Zeit.
2. _____   B Wir können über das Gleiche lachen.
3. _____   C Mein Freund hört die gleiche Musik wie ich.
4. _____   D Wir bleiben beste Freunde, auch wenn wir uns nicht oft sehen.
5. _____   E Man kann über alles sprechen.

46 sechsundvierzig

Wörter – Wörter – Wörter

12 Viel Gefühl

Kombiniere die Satzteile. Neun Sätze sind möglich. Schreib sie in dein Heft.

Sei nicht — traurig!
Du
Ich war
Ich habe
Das

bist ein Idiot!
interessiert mich nicht!
bist ein doofer Angeber!
sauer auf dich!
ist mir doch egal!
schaffst das schon!
doch keine Angst!

Sei nicht traurig!

13 Wie ist das?

a Finde für jeden Wortigel mindestens fünf Adjektive.

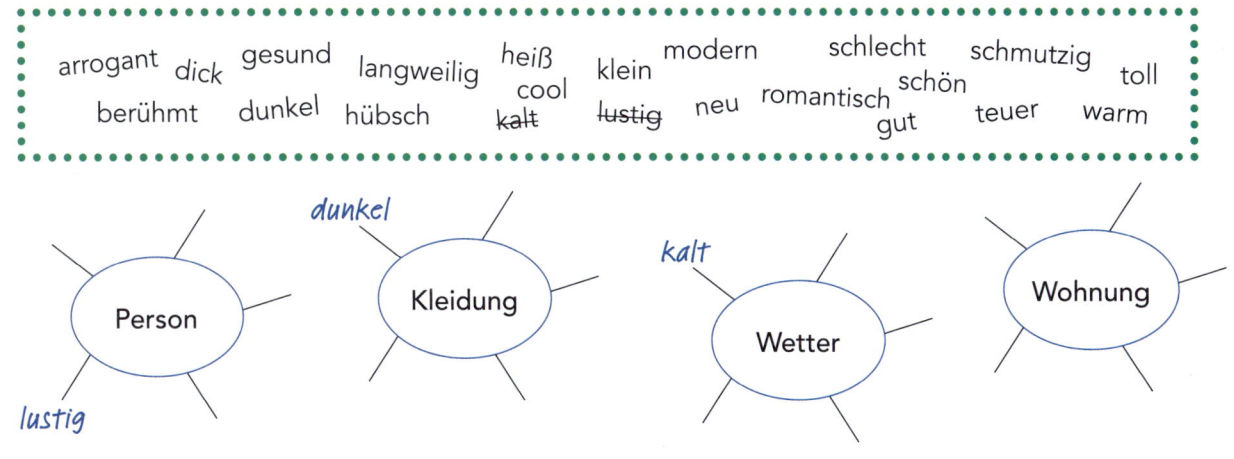

arrogant, dick, gesund, langweilig, heiß, cool, klein, modern, schlecht, schmutzig, toll, berühmt, dunkel, hübsch, ~~kalt~~, ~~lustig~~, neu, romantisch, schön, gut, teuer, warm

Person: *dunkel, lustig*
Kleidung:
Wetter: *kalt*
Wohnung:

b Schreib einen Satz mit möglichst vielen Wörtern aus den Satzigeln.

Dieser lustige Mann trägt eine dunkle Jacke, weil das Wetter heute kalt ist.

14 Tätigkeiten

Was passt zusammen? Verbinde.

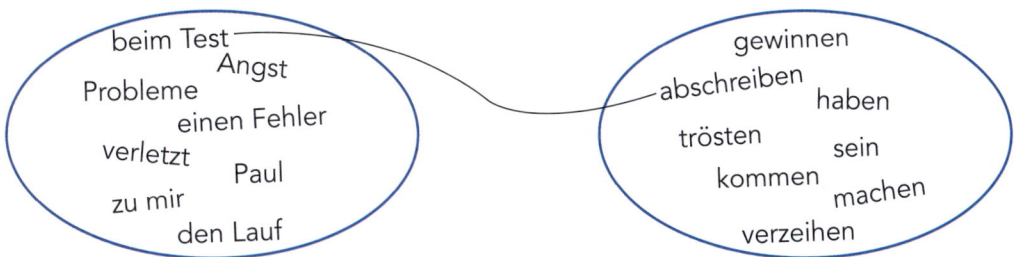

beim Test, Angst, Probleme, einen Fehler, verletzt, Paul, zu mir, den Lauf

gewinnen, abschreiben, haben, trösten, sein, kommen, machen, verzeihen

15 Meine Wörter

Welche Wörter, Ausdrücke oder Sätze sind für dich wichtig? Schreib auf.

8 Familienfeste

1 Ein Fest planen

Die Familie und die Verwandten. Ergänze.

> die Tante • die Großmutter • der Cousin • die Mutter • ~~der Großvater~~ • die Schwester

Die Großeltern: _der Großvater_ (Opa) + _____ (Oma)
Die Eltern: _der Vater_ (Papa) + _____ (Mama)
Die Geschwister: _der Bruder_ + _____
Die Verwandten: _der Onkel_ + _____
_____ + _die Cousine_

2 Ein wichtiges Datum

a Wann? Schreib die Zahlen.

Am …

1. _ersten_   2. _____   3. _____   4. _____
5. _____ 6. _____   7. _____   8. _achten_
9. _____ 10. _____   11. _dreizehnten_ 12. _____
13. _dreizehnten_ 14. _____ 15. _____   16. _____
20. _____ 21. _____   22. _zweiundzwanzigsten_ 23. _____
30. _____ 31. _einundreißigsten_ … Juni

b Schreib die Zahlen als Wörter. Achtung: Ist nach der Zahl ein Punkt?

Am (5.) _fünften_ November hat Simon Geburtstag. Das ist in (4) _____ Tagen. Am Samstag, (2) _____ Tage später, feiert er eine Party. Also kommen am (7.) _____ November viele Freunde zu Simon. Am (8.) _____ November kommen seine Großeltern und seine Verwandten und sie feiern noch einmal seinen Geburtstag. Heute, am (1.) _____ November, bekommen seine Freunde die Einladung.

c Welche Daten sind für dich wichtig? Schreib auf. Der Kasten hilft.

> Geburtstag haben • Lieblingsfeiertag sein • die Ferien beginnen • eine Party machen • ein Familienfest feiern • …

Ich habe am dreißigsten Juli Geburtstag. Mein Lieblingsfeiertag ist am vierundzwanzigsten Dezember.

48 achtundvierzig

3 Einladung

Schreib die Einladung mit den richtigen Wörtern in dein Heft. Nicht alle passen.

spät • um • ~~Lieber~~ • bitte • feiern • Juli • Sportfest • mitnehmen • Party • reservieren • oder

Lieber Flo!
Am 17. ★ geht es los: Da ★ wir 5113 Tage Patrizia und Philippa. Es gibt eine ★ am See. Treffpunkt beim Grillplatz, ★ 16.00 Uhr. Ende: So ★ wie möglich! Bitte Schwimmsachen ★. Kommst du? Dann ruf ★ an.
Patti und Pippa.

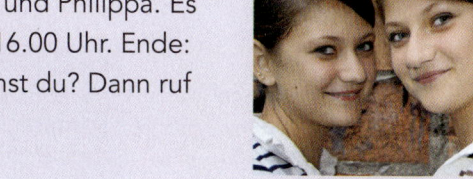

4 Danke für die Einladung

a Du hast auch eine Einladung bekommen. Schreib eine Antwort an Patti und Pippa in dein Heft. Bedanke dich und sag zu oder ab. Aufgabe 4a im Kursbuch hilft.

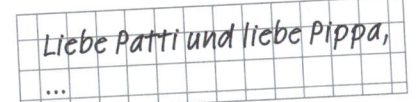

Liebe Patti und liebe Pippa,
_..._

b Du hörst drei Gespräche. Wähle für die Aufgaben 1 bis 3 die richtige Lösung A, B oder C.

1.34

1. Was wollen die Mädchen Patti zum Geburtstag schenken?
   A   B   C

2. Was hat Sofie gestern bei der Party gegessen?
   A   B   C

3. Wie ist Marius nach der Party nach Hause gekommen?
   A   B   C

5 Party, Party!

a Eine Party planen. Was passt: *dem/der/den*? Ergänze die Lücken.

1. Pippa und Patti machen in _den_ Ferien eine Party.   2. Sie feiern mit _____ Freunden Geburtstag.   3. Sie kaufen vor _____ Party ein.   4. Sie fahren mit _____ Fahrrad zum Grillplatz.
5. Nach _____ Geburtstagskuchen sind alle satt.   6. Nach _____ Fest müssen sie aufräumen.

b Schreib Sätze ins Heft. Achte auf das Artikelwort im Dativ. Verwende wo möglich auch Kurzformen.

1. du / zu / das Fest / kommen / ?
2. es / nach / die Schule / anfangen / .
3. das Fest / an / der See / sein / .
4. du / mit / das Rad / fahren / können / .

5. Silke / mit / der Bus / fahren / .
6. wir / in / der See / schwimmen / können / .
7. wir / fahren / zusammen / zu / die Party / .
8. ein Freund / Musik / machen / Fest / bei / .

1. Kommst du zu dem Fest?

neunundvierzig 49

6 Vor dem Fest

a Lies die Zusammenfassungen (1 und 2) und die Nachrichten (A–C). Was passt zusammen? Schreibe den richtigen Buchstaben (A–C) in die rechte Spalte. Du kannst jeden Buchstaben nur einmal wählen. Ein Buchstabe bleibt übrig.

0.	Onkel Martin möchte bei Opas Geburtstag helfen.	Z
1.	Nadja braucht Hilfe von ihrer Freundin.	
2.	Vanessa sagt die Einladung zu Opas 70. Geburtstag zu.	

Z: Lieb…, braucht ihr noch Hilfe für Opas Geburtstag? Ich kann noch Fotos von früher raussuchen und einen Kuchen backen. Kann ich noch etwas machen? Meldet euch!

B: Lieb…, am nächsten Samstag feiert meine Uroma Geburtstag. Wenn du auch kommst, freut sie sich – und ich auch. Bitte sag zu. Kannst du kommen?

A: Lieb…, ich habe noch mein Projekt, aber das mache ich diese Woche fertig. Also kann ich bei Opas Geburtstag dabei sein. Wir kommen zu dritt: Papa, Uwe und ich. Was können wir mitbringen? Liebe Grüße

C: Hallo …, Mama will, dass wir auf Uromas Geburtstag etwas machen. Schrecklich! Kannst du uns helfen? Du kannst doch super malen und hast tolle Ideen: Wollen wir alles zusammen dekorieren? Dann ist Mama sicher zufrieden. Bitte!

b Mach eine Tabelle im Heft und ordne die Sätze zu.

„Wann ist es endlich vorbei?!" • „Vielen Dank für das tolle Spiel!" • „Mensch, das ist total schön!" • „Wie nervig!" • „Ach, du bist so blöd!" • „Können wir bald gehen?" • „Danke für das schöne Geschenk!" • „Ich bin ja so froh!"

sich ärgern	sich freuen	sich bedanken	sich langweilen
			„Wann ist es endlich vorbei?!"

7 Der große Tag

Was ist falsch? Streich die falschen Verben durch und korrigiere.

1. Jannik, du gehst ins Bad und ~~kämmst~~ dich.   _wäschst_

2. Nadja, du musst dich noch anziehen.   _____

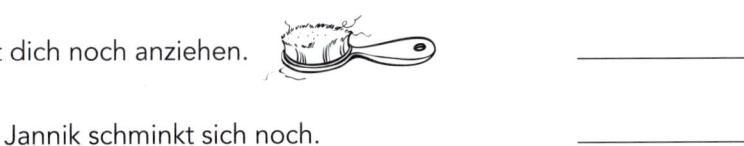

3. Jannik schminkt sich noch.   _____

4. Nadja geht ins Bad und will sich langweilen.   _____

5. Mama, du musst dich schön waschen.   _____

8 Partnerspiel

a Chaos im Bad. Lies die Erzählung von Nadja und ergänze die Tabelle.

„Am Morgen ist bei uns immer Chaos im Bad. Zuerst wäscht sich Papa – er muss ganz früh zur Arbeit. Danach kommt Jannik, er wäscht sich seeeehr lang. Ich ärgere mich jeden Morgen, aber Mama auch! Sie schimpft und sagt: „Jetzt aber raus aus dem Bad, zieh dich endlich an! Wir müssen uns auch waschen. Warum wascht ihr euch immer so lange!!!". Dann bin ich endlich dran! Ich schminke mich auch, wenn ich Zeit habe. Mama will immer schnell fertig sein. Manchmal schafft sie es vor mir ins Bad ☺. Wir freuen uns, wenn wir pünktlich aus dem Haus gehen."

ich	wasche	mich
du	wäschst	
er/es/sie	wäscht	
wir	waschen	
ihr	wascht	
sie/Sie	waschen	

b Ergänze die reflexiven Verben in der passenden Form.

1. Jannik und sein Vater _____ morgens sehr lang. (sich waschen)   2. Nadja _____, wenn sie warten muss. (sich ärgern)   3. Mama sagt zu Jannik: „_____ endlich ____!" (sich anziehen)   4. Ich _____ in meinem Zimmer ____. (sich anziehen)   5. Papa sagt zu Mama: „Du _____ immer so lang!" (sich schminken)   6. Wir _____, wenn wir pünktlich aus dem Haus gehen können. (sich freuen)

9 Was haben die drei gemacht?

Alles schon gemacht! Antworte im Perfekt.

1. Kämm dich!   *Ich habe mich schon gekämmt.*   4. Zieht euch an! _____
2. Föhn dich!   _____   5. Schminkst du dich nicht? _____
3. Wascht euch! _____

10 Alles Gute, Oma!

Was sagt man wann? Ordne zu. Schreibe auch in deiner Sprache.

Frohes neues Jahr!   *Alles Gute!*   *Gute Besserung!*   *Ich gratuliere!*

	Deutsch	deine Sprache
1. Jemand hat Geburtstag.	_____	_____
2. Jemand ist krank.	_____	_____
3. Es ist der 1. Januar.	_____	_____
4. Jemand hat eine Prüfung geschafft.	_____	_____

11 Schwaches e und schwaches a

a Schwaches e: Hör zu und sprich nach.
1.35

Verwandte   Tante   Cousine   Söhne   Leute

b Schwaches a: Hör zu und sprich nach.
1.36

Vater   Mutter   Schwester   Bruder   Geschwister   Tochter   Kinder

einundfünfzig 51

12 Lecker? Lecker!

a Restaurant, Café oder Imbissbude? Wo isst und trinkt man was? Schreib Sätze ins Heft.

> Apfelkuchen • Pizza • Bratwurst mit Pommes • Braten mit Kartoffeln • Fisch mit Gemüse • Eis • Kaffee • Hamburger • Hähnchen mit Reis • Kakao

Pizza gibt es in der Imbissbude.

b Was passt nicht? Streich durch.

1. Kakao – Tee – ~~Salz~~ – Milch – Kaffee
2. Butter – Eis – Wurst – Käse – Marmelade
3. Kuchen – Torte – Schokolade – Braten – Eis
4. Hamburger – Hähnchen – Nudeln – Limonade – Würstchen

c Wir haben eingekauft. Was ist in den Taschen? Schreib mit Artikel.

> Eier • Fleisch • Käse • ~~Mehl~~ • Salat • Salz • Butter • Gemüse • Tomatensoße • Wurst • Zucker • Kartoffeln • Schokolade • Mehl

1  *das Mehl,*

2

3

13 Mal so, mal so!

Was essen und trinken Susanne und Peter? Schreib in dein Heft.

	morgens	vormittags	mittags	zwischendurch	abends	nachts
Susanne, 15 Jahre						–
Peter, 16 Jahre		–				

Peter isst morgens ein Brötchen mit Butter und Marmelade. Dazu trinkt er Milch.

52 zweiundfünfzig

Wörter – Wörter – Wörter

14 Die lieben Verwandten

Wie viele Verwandte findest du? Schreib sie mit Artikel und Pluralform auf.

KLA**MUTTER**ROMASTÜBRUDERHREZCOUSINELTANTEYSCHWESTERGELOPATVATER

die Mutter, die Mütter

_____

15 Wichtige Daten

Wann ist das? Schreib die Zahlen und die Monatsnamen. Der Kasten hilft dir.

- 31.12.
- 03.10.
- ~~24.12.~~
- 01.05.
- 01.01.

In Deutschland gibt es viele Feiertage. Für die meisten ist der wichtigste Feiertag Weihnachten, das ist am *vierundzwanzigsten Dezember*. Kurz danach kommen schon Silvester und Neujahr, am _____ _____ und am _____ _____. Karneval und Ostern sind jedes Jahr an anderen Tagen, aber den „Tag der deutschen Einheit" feiert man in Deutschland immer am _____ _____. Ein internationaler Feiertag ist der „Tag der Arbeit" am _____ _____.

16 Reflexive Verben

a Wie heißen die Verben? Schreib neben die Bilder.

sich freuen | _____ | _____ | _____ | _____

b Schreib mit jedem Verb einen Satz in dein Heft.

Wir freuen uns, wenn Oma Braten mit Kartoffeln kocht.

17 Lebensmittel-Rätsel

Was passt zusammen? Schreib die Wörter richtig in die Tabelle.

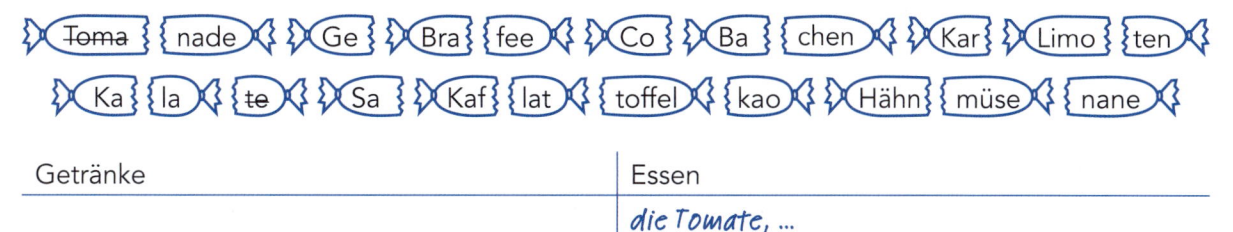

~~Toma~~ · nade · Ge · Bra · fee · Co · Ba · chen · Kar · Limo · ten
Ka · la · ~~te~~ · Sa · Kaf · lat · toffel · kao · Hähn · müse · nane

Getränke	Essen
	die Tomate, ...

18 Meine Wörter

Welche Wörter, Ausdrücke oder Sätze sind für dich wichtig? Schreib auf.

B Training

1 Sprechtraining: Gemeinsam etwas planen

a Du möchtest dich mit einem Freund / einer Freundin treffen und mit ihm/ihr etwas unternehmen. Was kannst du alleine (a) entscheiden, was müsst ihr zusammen (z) entscheiden? Arbeitet zu zweit und ordnet zu.

> was machen? _z_ • wann treffen? ___ • wem Bescheid sagen? ___ • was anziehen? ___ •
> wie viel Taschengeld mitnehmen? ___ • wie hinfahren? ___ • wo treffen? ___ •
> wann zu Hause losfahren? ___

b Du möchtest deinem Freund / deiner Freundin einen Vorschlag machen. Was kannst du sagen? Kreuz an. Nicht alle Sätze sind Vorschläge.

- [X] 1. Wollen wir am Samstag zusammen klettern gehen?
- [ ] 2. Ich habe Lust, am Freitag ins Kino zu gehen.
- [ ] 3. Wollen wir uns um 10 Uhr treffen?
- [ ] 4. Möchtest du mit mir zu Leons Party gehen?
- [ ] 5. Wollen wir mit dem Fahrrad fahren?
- [ ] 6. Wir können uns am Bahnhof treffen.
- [ ] 7. Ich fahre nicht gerne mit dem Bus.
- [ ] 8. Nehmen wir unsere Sportsachen mit? Was meinst du?
- [ ] 9. Wir wollen uns jeden Samstag treffen.
- [ ] 10. Wir können auch zum Volleyball gehen, wenn du nicht gern Basketball spielst.
- [ ] 11. Um 16 Uhr vor der Sporthalle?
- [ ] 12. Schade, ich habe keine Zeit.

c Zustimmen oder ablehnen? Arbeitet zu zweit. Ordnet die Aussagen in die Tabelle.

> Gute Idee! • Auf keinen Fall! • Das finde ich nicht so interessant. • Keine Lust.
> Ich finde … besser. • Oh ja, das machen wir. • Wie langweilig! • Das finde ich nicht so toll. •
> Nein, das geht nicht. • Da habe ich keine Zeit. • Ja, das geht. • Am … / Um … Uhr kann
> ich nicht. • Am … ?/ … Uhr? Ja, da habe ich Zeit. • Nein, wir nehmen lieber … • Das brauchen
> wir nicht. • Das ist gut. • Ja, das müssen wir unbedingt mitnehmen.

👍	👎
Gute Idee!	

54 vierundfünfzig

Training B

d Ihr habt Ferien und wollt am Wochenende gemeinsam etwas unternehmen. Im Internet habt ihr folgende Angebote gefunden. Sprecht über alle Themen. Einigt euch.

Was machen? — Zirkuscamp? | Volleyball? 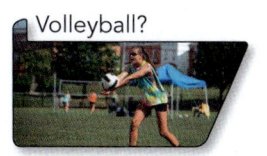 | Kunstcamp?

Treffen: Wann? Wo? — Tag? | Uhrzeit?  | Ort?

Wie fahren? — mit dem Bus? | mit der U-Bahn?  | mit dem Fahrrad?

Was mitnehmen? — Essen und Getränke? | Sportschuhe?  | Stifte und Papier?

Was wollen wir am Wochenende machen?

Wir können …

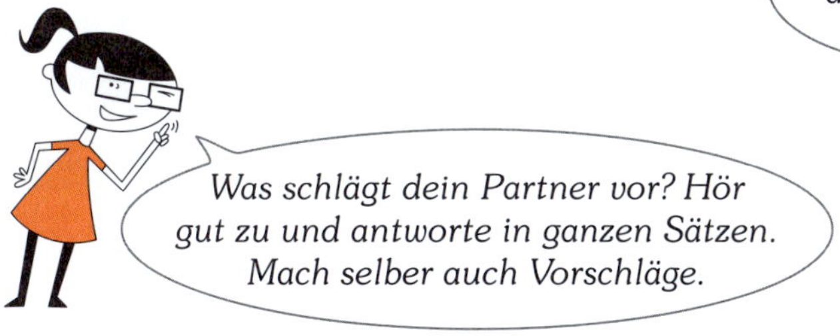

Was schlägt dein Partner vor? Hör gut zu und antworte in ganzen Sätzen. Mach selber auch Vorschläge.

2 Sprachmittlung: Einen Star vorstellen

a Wer ist dein Lieblingsstar? Such zu Hause Texte und Videos in deiner Sprache und bring sie mit. Was weißt du über den Star? Erzähl in der Klasse auf Deutsch.

Ich habe diesen Artikel über Kanye West gefunden. Hier steht: …

Du musst nicht jedes Wort und jeden Satz übersetzen.

Benutze deine eigenen Wörter.

b Hör die Berichte von deinen Mitschülern an. Stell anschließend Fragen auf Deutsch. Wer kann zu seinem Star die meisten Fragen richtig beantworten?

Wen hat West 2014 geheiratet?

Kim Kardashian!

9 Mein Geld, meine Sachen

1 Mein Taschengeld

Welches Wort passt nicht? Streich es durch und ordne es richtig zu.

1. Musik/Ausgehen: Konzertkarte – ~~Jugendmagazin~~ – Gitarre – _____
2. Süßigkeiten/Fast Food: Schokoriegel – Nagellack – Cola – _____
3. Handy/Computer: Handykarte – Kinokarte – Handytasche – _____
4. Lesen: Pommes – Buch – Comic – *Jugendmagazin*
5. Kleidung/Kosmetik: T-Shirt – Haargummis – Computerspiel – _____

2 Jugendliche und ihr Taschengeld

a Ergänze das passende Wort und schreib es in die Lücke.

arbeite · bezahlen · Café · übrig · mich · Geburtstag · Taschengeld · spare · Klamotten

Wir haben Jugendliche gefragt: „Was macht ihr mit eurem Taschengeld?" Lest hier zwei Antworten.

Lilli, 14 Jahre

Meine Freunde und ich treffen uns oft nachmittags in einem *Café*. Deshalb brauche ich viel _____ (1). Ich _____ (2) ein- oder zweimal in der Woche als Babysitter, weil meine Eltern nicht so viel Geld verdienen. So habe ich jeden Monat fast 30 Euro nur für _____ (3)! Und ich habe Geld für die Besuche im Café. Manchmal kaufe ich mir auch Zeitschriften oder ein spannendes Buch, wenn ich noch ein paar Euro _____ (4) habe. Sparen kann ich eigentlich gar nichts.

Martin, 15 Jahre

Mir ist es wichtig, welche _____ (5) ich trage. Deshalb gebe ich mein Taschengeld fast komplett für Kleidung aus. Viele Klamotten _____ (6) meine Eltern. Aber ich muss auch Geld dazu bezahlen, wenn etwas sehr teuer ist. Im Moment _____ (7) ich für eine tolle neue Hose. Für sie muss ich 40 Euro selbst zahlen. Deshalb kann ich in den nächsten acht Wochen nicht ausgehen. Zum Glück habe ich bald _____ (8). Dann wünsche ich mir auch Geld.

b Lies noch einmal und kreuze an.

	Lilli	Martin
1. Wer spart gerade sein ganzes Geld?	☐	☒
2. Wer gibt das meiste Geld für Kleidung aus?	☐	☐
3. Wer gibt sein Geld vor allem beim Ausgehen aus?	☐	☐
4. Wer arbeitet und verdient Geld?	☐	☐
5. Wer wünscht sich Geld zum Geburtstag?	☐	☐

3 Welcher Taschengeld-Typ bist du?

a Was passt zum Pleitegeier? Was passt zum Sparer? Ordne zu.

> ~~viel Geld ausgeben~~ • immer das Geld zählen • nur ein bisschen Geld mitnehmen •
> egal finden, was es kostet • wenig Geld ausgeben • Geld auf das Sparkonto zahlen •
> viel in einem Laden kaufen • immer Sorgen mit dem Taschengeld haben

Pleitegeier
viel Geld ausgeben
_____
_____
_____
_____

Sparer
_____
_____
_____
_____
_____

b Arbeite mit einem Partner / einer Partnerin. Lies die Mindmap und erzähle über dein Leben zum Thema. Der Partner / Die Partnerin hört zu und stellt danach eine Frage. Tauscht dann die Rollen.

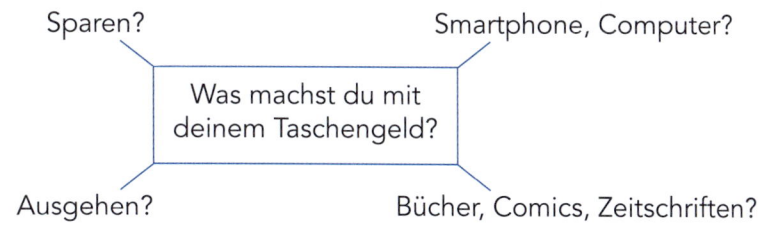

Sparen? — Smartphone, Computer? — **Was machst du mit deinem Taschengeld?** — Ausgehen? — Bücher, Comics, Zeitschriften?

c Was finden, meinen oder denken die Leute? Schreibe Sätze mit *dass* ins Heft. Wähle drei Sätze aus und übersetze sie dann in deine Sprache.

1. Lukas findet: „Man braucht am meisten Geld für Süßigkeiten."
2. Lisa denkt: „16 Euro Taschengeld sind zu wenig."
3. Constanze meint: „Das Leben ist sehr teuer."
4. Bertram denkt: „Man braucht nur einmal im Jahr ein neues T-Shirt."
5. Nele meint: „Bald ist genug Geld für ein neues Smartphone übrig."

> 1. Lukas findet, dass man am meisten Geld für Süßigkeiten braucht.

d Was denkst du? Wähl aus und schreib dann vier Sätze mit *dass* in dein Heft.

Ich denke, …
Ich finde, …
Ich meine, …

Psychotests sind Quatsch.
Psychotests machen Spaß.
Sparen ist wichtig.
Geldausgeben macht Spaß.
Jobben ist cool.
Geld ist nicht wichtig.
Ich habe genug Taschengeld.
Ich bin ein Pleitegeier.

> Ich finde, dass Geldausgeben Spaß macht.

siebenundfünfzig 57

4 Flohmarkt in der Schule

a Ordne das Gespräch. Hör dann zur Kontrolle.

- ☐ ● Das ist kein Problem. Im Winter trägt man ihn ja unter der Jacke. Dann sieht ihn keiner. Hauptsache, er ist schön warm.
- ☐ ○ Ich glaube, dass du spinnst! Den kaufe ich bestimmt nicht. Tschüs.
- ☐ ○ Diese Farbe ist furchtbar.
- ☐ ● Das ist nicht schlimm. Das ist praktisch. Dann schwitzt man nicht so.
- [1] ● Hi! Wie findest du diesen Pullover?
- ☐ ○ Warm? Meinst du wirklich? Aber da sind ja überall Löcher!

b Markiere die Nomen in den Artikelfarben (der = blau, das = grün, die = rot, Plural = gelb).

	Nom.	Akk.
1. Ich nehme dies__ Nintendo, dies__ Pullover und dies^e Schuhe.	☐	☒
2. Dies__ Bild, dies__ Koffer und dies__ Postkarte sind nichts für mich.	☐	☐
3. Wie findest du dies__ Blumenkleid, dies__ Ohrringe und dies__ Bluse?	☐	☐
4. Dies__ Digitalkamera, dies__ Computerspiel und dies__ Tasche sind doch völlig kaputt!	☐	☐
5. Martin wünscht sich dies__ Flugzeug, dies__ Fußballschuhe und dies__ Rucksack.	☐	☐

c Nominativ oder Akkusativ? Kreuze an und ergänze die Endungen.

5 Alltagsdinge

a Was kann das sein? Streich durch, was nicht passt. Ein Wort bleibt übrig.

1. Mit einem/einer ??? kann man zur Schule fahren.
2. Mit einem/einer ??? fahren viele Personen.
3. Der/Das/Die ??? braucht Gleise zum Fahren.

> Bus   Pferd   Straßenbahn
> Auto   Fahrrad

b Viele Erklärungen! Ergänze die Tabelle.

> Sachen bezahlen • ~~von den Eltern~~ • aufs Sparkonto zahlen • Lieder üben • in der Post • in einem Musikgeschäft • ~~mit den Fingern spielen~~ • eine Postkarte schicken • sammeln • in der Tasche

	Mit einem/einer/ – … kann man …	Ich habe ihn/es/sie …	Man bekommt ihn/es/sie …	Außerdem kann man ihn/es/sie …
Briefmarke		in meinem Schreibtisch		
Gitarre		in einer Tasche in meinem Zimmer		*mit den Fingern spielen*
Taschengeld			*von den Eltern*	

58 achtundfünfzig

c Kreuze die richtige Form an.

1. Mit [X] einem [ ] einer [ ] — Fotoapparat kann man Fotos machen.
2. Mit [ ] einem [ ] einer [ ] — Torte kann man Freunden zum Geburtstag gratulieren.
3. Mit [ ] einem [ ] einer [ ] — Fernseher kann man Filme sehen.
4. Mit [ ] einem [ ] einer [ ] — Tomaten kann man einen Salat machen.
5. Mit [ ] einem [ ] einer [ ] — Rucksack kann man gut wandern.

6 (-)r- und -er

a Hör und markiere alle *r* wie in *richtig*.

Gita**rr**e – vergessen – Freund – welcher – Problem – warum – Jahr – sprechen – praktisch – mehr – Fülle**r** – groß – Autogramm – sehr

b Hör noch einmal. Markiere in 6a mit einer anderen Farbe alle *r* wie in *meiner*.

c Hör die Wörter und schreib auf.

1. Jahr – _____
2. _____ – _____
3. _____ – _____
4. _____ – _____
5. _____ – _____
6. _____ – _____

7 Mein Lieblingsding

a Was ist richtig? Kreuze an.

1. Das ist Plato mit [X] seinem [ ] ihrem Halsband.
2. Das ist Frau Müller mit [ ] seiner [ ] ihrer Jacke.
3. Das ist Robbie mit [ ] seinem [ ] ihrem Stift.
4. Das sind Antons Oma und Opa mit [ ] eurer [ ] ihrer Clownsnase.
5. Das ist Paul mit [ ] seinem [ ] ihrem Kuscheltier.
6. Das ist Pia mit [ ] seinen [ ] ihren Flip-Flops.
7. Das ist Jannik mit [ ] seinen [ ] ihren Freunden.
8. Das ist Nadja mit [ ] seinem [ ] ihrem Bruder.

b Ordne die Sachen zu und ergänze die passenden Endungen.

(~~der Schlüssel~~) (der Hund) (die Eltern (Pl.)) (das Taschengeld) (das Handy) (das Halsband)

1. Mit seine**m** *Schlüssel* kann der Schuldirektor alle Türen aufmachen.
2. Mit ihr___ _____ können Nadja und Jannik über alles sprechen.
3. Mit dein___ _____ kannst du die Hose nicht kaufen. Sie ist zu teuer.
4. Mit ihr___ _____ kann Nadja auch Fotos machen.
5. Mit sein___ _____ ist Plato sehr beliebt.
6. Mit unser___ _____ müssen wir jeden Tag spazieren gehen.

neunundfünfzig 59

c Ergänze die richtige Form von *mein, dein* ...

1. ● Maaaama, wo ist denn nur __meine__ Tasche? Ohne _____ Tasche kann ich nicht aus dem Haus gehen.
   ○ Ich weiß nicht, wo _____ Tasche ist. Hier, du kannst auch _____ Tasche nehmen.
   ● Das ist doch keine Tasche. Das ist ein Rucksack. Mit _____ Rucksack gehe ich nicht raus!
   ○ Tja, dann musst du die Tasche weiter suchen! Viel Spaß!

2. ○ Hallo Markus, hallo Michael! Was ist denn los? Seid ihr traurig?
   ● Ja, _____ Katze ist weggelaufen.
   ○ Wann habt ihr _____ Katze denn zum letzten Mal gesehen?
   ● Vor einer Stunde. Peter hat uns mit _____ Hund besucht. Plötzlich war sie weg.
   ○ Hatte sie vielleicht Angst vor dem Hund?
   ● Ja, vielleicht ... Dann ist sie vielleicht in _____ Wohnzimmer – unter dem Schrank!

8 Dein Lieblingsding

Du liest in einem Jugendmagazin diesen Text. Wähle für die Aufgaben 1 bis 4 die richtige Lösung A, B oder C.

> **Mein Opa, seine Uhr und ich**
> Meine Armbanduhr ist mein Lieblingsding, weil sie mich an meinen Opa erinnert. Leider lebt er nicht mehr. Er hat sie mir zu meinem 14. Geburtstag geschenkt. Früher hat er sie selbst getragen – fast 45 Jahre lang. Mein Opa hat früh angefangen zu arbeiten. Er hat sie von seinem ersten Geld gekauft.
> Zu meinem Geburtstag hat mein Opa ein neues Armband gekauft. Alles andere ist noch original. Die Zahlen auf der Uhr sieht man nicht mehr so gut, aber das stört mich nicht. Alle anderen Uhren sind bei mir immer kaputt gegangen. Diese nicht!
> Ich trage sie nur zu Geburtstagen, zu Prüfungen und zu Familienfesten. Dann erinnere ich mich an die schöne Zeit mit meinem Opa: Wir haben zusammen geangelt und gezeltet und er hat mir viel von seinem Leben erzählt. Ich freue mich immer, wenn ich sie an meinem Arm sehe.
> *Armin, 16 Jahre*

0 Die Armbanduhr ...
☒ hat Armin von seinem Opa.
B ist seit 14 Jahren Armins Lieblingsding.
C ist 45 Jahre alt.

1 Armins Opa ...
A ist erst 45 Jahre alt.
B ist schon tot.
C hat Uhren verkauft.

2 Die Uhr ...
A sieht aus wie neu.
B ist leider kaputt.
C kann man nicht sehr gut lesen.

3 Armin trägt ...
A die Uhr jeden Tag.
B die Uhr, wenn er sich an seinen Opa erinnern will.
C die Uhr an wichtigen Tagen.

4 Armin und sein Opa ...
A haben früher viel zusammen gemacht.
B hatten nie viel Zeit zusammen.
C haben sich nur an besonderen Tagen gesehen.

60 sechzig

Wörter – Wörter – Wörter

9 Das liebe Geld

a Finde acht Verben im Rätsel.

V	E	R	F	I	K	O	S	T	E	N	O	A
Z	Ä	B	I	E	F	S	T	A	G	U	A	M
D	V	E	R	D	I	E	N	E	N	N	U	P
E	R	Z	Ö	H	L	N	E	T	D	U	S	I
S	P	A	R	E	N	E	R	T	O	L	G	U
G	I	H	O	E	B	E	K	O	M	M	E	N
K	O	L	K	O	M	A	S	C	H	Ü	B	U
D	U	E	R	T	B	R	A	U	C	H	E	N
W	E	N	B	U	N	Z	Ä	H	L	E	N	R

1. *verdienen*
2. _____
3. _____
4. _____
5. _____
6. _____
7. _____
8. _____

b Schreib fünf Sätze mit Verben aus 9a in dein Heft.

Ich möchte als Babysitter arbeiten und Geld verdienen.

10 Erklärungen

a Ordne die Wörter den Erklärungen zu.

1. Dort kann man sein Geld hinbringen und auch wieder abholen.
2. Hier kauft man Sachen sehr billig. Die Sachen sind nicht neu.
3. Man hat Angst um eine Person oder eine Sache.
4. Man bekommt es einmal in der Woche oder im Monat zum Ausgeben.

das Taschengeld
die Sorge
der Flohmarkt
die Bank

b Jetzt bist du dran. Wähle drei Wörter aus und erkläre sie.

die Flöte · der Comic · das Handy · das Zelt · das Trikot

11 Meine Wörter

Welche Wörter, Ausdrücke oder Sätze sind für dich wichtig? Schreib auf.

10 So wohne ich

1 Koljas Sachen sind weg.

a *Legen* oder *stellen*? Was macht Kolja? Ergänze das passende Verb.

Kolja legt die CDs auf den Tisch.　　　　　Kolja stellt die CDs in das Regal.

1. Kolja _____ die T-Shirts in den Schrank.　　3. Kolja _____ die Schuhe unter das Bett.
2. Kolja _____ den Stuhl auf den Balkon.　　　4. Kolja _____ die Mütze auf die Heizung.

b Kolja hat aufgeräumt. Schreib die Sätze im Perfekt.

1. Kolja / in die Dose / die Zahnspange / tun / . *Kolja hat die Zahnspange in die Dose getan.*
2. die Fußballschuhe / Er / in die Sporttasche / packen / . _____
   _____
3. Er / das Buch / stellen / ins Regal /. _____
4. Das Spiel / er / unter das Bett / legen / . _____

2 Kolja räumt auf.

a Wo sind die Sachen in Pauls Zimmer? Ordne die Wörter im Kasten den Bildern zu.

zwischen • in • an • auf • über • unter • vor • neben

1. *zwischen*　　2. _____　　3. _____　　4. _____

5. _____　　6. _____　　7. _____　　8. _____

b „Wohin tust du deine Sachen, Paul?" Ergänze die Artikel im Akkusativ.

1. Meinen Stoffhasen lege ich in *das* Bett.　　2. Den Schal hänge ich über _____ Poster.
3. Mein Handy packe ich in _____ Tasche.　　4. Den MP3-Player lege ich auf _____ Schreibtisch.
5. Das Skateboard stelle ich hinter _____ Tür.　6. Den Tennisschläger stelle ich neben _____ Schrank.

62　zweiundsechzig

3 Ordnung zu Hause

a Wie heißen die Zimmer? Schreib mit Artikel.

1. *die Küche*
2. _____
3. _____
4. _____
5. _____
6. _____
7. _____
8. _____

b Sieh das Haus an. Wohin kommen die Sachen?

> ~~in~~ • hinter • auf • in • neben • in • in

1. Die Schuhe stelle ich *in* *das* Schuhregal.
2. Die Vase stelle ich ____ _____ Tisch.
3. Die Kleidung lege ich ____ _____ Schrank.
4. Die Lampe stelle ich ____ _____ Sofa.
5. Die Schultasche stelle ich ____ _____ Schreibtisch.
6. Die Jacken hänge ich ____ _____ Flur.
7. Den Tisch und die Stühle stelle ich ____ _____ Küche.

4 Unordnung im Zimmer von Denis

Denis hat viele Fragen. Ergänze die Fragewörter.

> warum • ~~wo~~ • was • wie • wohin • wer

1. Weißt du, *wo* meine Uhr ist? – Sie ist im Badezimmer.
2. Kannst du mir sagen, _____ das ist? – Das ist ein Nudelsalat.
3. Wisst ihr, _____ Mama heute so schick ist? – Weil sie einen wichtigen Termin hat.
4. Könnt ihr mir sagen, _____ das hier auf dem Foto ist? – Das ist deine Urgroßmutter.
5. Können Sie mir sagen, _____ dieser Bus fährt? – Er fährt zum Hauptbahnhof.
6. Wissen Sie, _____ diese Straße heißt? – Ja, das ist die Schulstraße.

5 Kannst du uns sagen, …?

Du fragst deinen Bruder. Sei höflicher und schreib indirekte Fragen.

1. *Weißt du, warum das Radio nicht funktioniert?* (Warum funktioniert das Radio nicht?)
2. _____ (Wann gibt es Abendessen?)
3. _____ (Wie geht es Lenes Bruder?)
4. _____ (Wo sind die Computerspiele?)
5. _____ (Wer hat gerade angerufen?)

dreiundsechzig 63

10

6 Das neue Zimmer

a Lies noch einmal Tabeas E-Mail im Kursbuch. Richtig oder falsch? Kreuze an.

	richtig	falsch
1. Tabea ist in den Ferien bei ihrem Vater in Porto.	X	☐
2. Sie mag die Freundin von ihrem Vater nicht.	☐	☐
3. Der Strand ist sehr weit weg.	☐	☐
4. Tabea hat ein Zimmer für sich allein.	☐	☐
5. An der Wand hängen Poster von Pferden.	☐	☐
6. Tabea hat noch keinen Tisch und keinen Stuhl in ihrem Zimmer.	☐	☐

b *Liegen, stehen* oder *hängen*? Welches Verb passt?

1. Der Teppich _liegt_ auf dem Boden.
2. Das Poster _____ an der Tür.
3. Die Lampe _____ hinter dem Sofa.
4. Der Brief _____ zwischen den Büchern.

c Wo sind die Sachen? Ergänze die Präpositionen und Artikel.

> ~~vor~~ • an • in • zwischen • neben • unter • neben • auf

Ein Schreibtisch steht (1) _vor_ _dem_ Fenster. (2) _____ _____ Schreibtisch steht ein Computer. (3) _____ _____ Computer liegt ein Heft. (4) _____ _____ Tisch liegt ein Hund. (5) _____ _____ Schreibtisch steht ein Regal. (6) _____ _____ Regal hängt eine Jacke. (7) _____ _____ Regal stehen viele Bücher. (8) _____ _____ Büchern liegt eine Sonnenbrille.

7 Tabea räumt um.

a Viele Wünsche! Schreib die Wünsche höflicher ins Heft. Schreib die Sätze auch in deiner Sprache.

> 1. Ich will ein eigenes Zimmer haben. • 2. Wir brauchen einen großen Fernseher. • 3. Wir möchten eine kleine Katze. • 4. Ich brauche eine neue Schultasche. • 5. Ich will einen weißen Teppich haben.

Deutsch	meine Sprache
1. *Ich hätte gern ein eigenes Zimmer.*	

64 vierundsechzig

b *Wo?* oder *Wohin?* Welches Fragewort passt? Kreuze an.

	Wo?	Wohin?
1. Die Katze liegt auf _____ Bett.	☒	☐
2. Wir fahren am Samstag in _____ Berge.	☐	☐
3. Die Schule ist hinter _____ Krankenhaus.	☐	☐
4. Der Junge hängt ein Poster an _____ Tür.	☐	☐
5. Die Lehrerin stellt den Stuhl vor _____ Tafel.	☐	☐
6. Das Auto steht neben _____ Haus.	☐	☐

c Ergänze in 7b die passenden Artikel.

d Wir räumen auf. Schreib für jede Sache zwei Sätze in dein Heft.

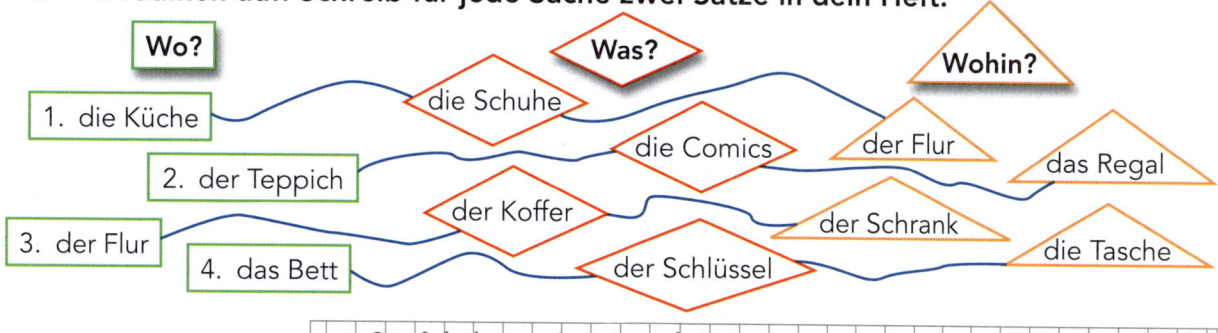

Wo?
1. die Küche
2. der Teppich
3. der Flur
4. das Bett

Was?
die Schuhe
die Comics
der Koffer
der Schlüssel

Wohin?
der Flur
das Regal
der Schrank
die Tasche

1. Die Schuhe sind in der Küche. Wir stellen die Schuhe in den Flur.

8 Projekt: Unser Traumzimmer

Wie sieht dein Zimmer aus? Verbinde die Satzteile und schreib sechs Sätze ins Heft.

| In meinem Zimmer … | stehen
liegen
hängen
sein | das Bett
das Regal
der Teppich
das Poster
die Pflanze | die Bücher
die CDs / DVDs
die Lampe
der Computer
die Schulsachen | an
hinter
neben
unter
zwischen | auf
in
über
vor | die Tür
das Fenster
der Tisch
der Kleiderschrank
der Boden | das Bett
die Wand
das Regal
die Heizung |

1. In meinem Zimmer steht das Regal neben dem Kleiderschrank.

9 *b* oder *w*?

a *b*: Hör zu und sprich nach.

Bad – Balkon – Bett – Brille – besuchen – bezahlen – billig – Blume – Bruder – Boden

b *w*: Hör zu und sprich nach.

Wörterbuch – witzig – Weg – Wald – warten – wohnen – Wohnung – warm – Winter – Wand

c *b* oder *w*? Hör zu und ergänze.

___ir ___esuchen unseren ___ruder, a___er der ___eg ist ___eit. Unser ___ruder ___ohnt am ___ald. Die ___ohnung ist ___itzig. Das ___ett steht im ___ad, ___örter___ücher liegen auf dem ___oden und ___lumen hängen an der ___and.

10 Schlüsselkinder

Schreib die Informationen aus den Sätzen in die Tabelle. Löse das Rätsel: Welches Schlüsselkind wohnt wo? Weißt du die Antworten auf die drei Fragen?

	1 _____	2 _Marek_	3 _____	4 _____
Haustier				
Aktivität		hört laut Musik		
Eltern				

Marek hört gern laut Musik, wenn er allein ist. Das Mädchen mit dem Hund wohnt links neben Marek. Brunos Eltern sind geschieden. Er wohnt zwischen Jenny und Marek. Jennys Mutter arbeitet am Nachmittag. Dann hat Jenny Zeit für ihre Katze. Kathleen spielt gern Klavier, wenn sie allein ist. Die Eltern von dem Jungen neben Bruno arbeiten bis 19 Uhr. Der Junge neben Jenny liest am liebsten. Er hat Fische.

1. Der Vater von wem lebt in Brasilien? _____
2. Wer hat einen Hamster? _____ 3. Wer kocht gerne? _____

11 Allein zu Hause

Du bist in einem Kaufhaus vor der Infotafel. Lies die Infotafel, die Aufgaben 1–4 und den Text. Welcher Ort passt? Wähle die richtige Lösung A, B oder C.

Willkommen bei LOGIKA

2. Stock
Cafeteria

1. Stock
Wohn- und Schlafzimmer
Möbel für Wohnzimmer und Büro
Betten und Kleiderschränke

Kinderzimmer
Alles für das Baby
Kinder- und Jugendzimmermöbel
Spielen, Malen und Basteln

Erdgeschoss
Küche und Bad
Küchenmöbel
Teller, Tassen, Gläser
Alles für das Badezimmer

Garten
Gartenmöbel und Pflanzen

Untergeschoss
Lampen, Teppiche und Dekoration

0 Du brauchst einen neuen Stuhl für deinen Schreibtisch.
  - ☒ Wohn- und Schlafzimmer
  - B Untergeschoss
  - C 2. Stock

1 Du suchst ein neues Poster für dein Zimmer.
  - A Erdgeschoss
  - B 2. Stock
  - C Untergeschoss

2 Du möchtest deiner Mutter eine Blume für den Balkon kaufen.
  - A Wohn- und Schlafzimmer
  - B Untergeschoss
  - C Garten

3 Du brauchst ein Geburtstagsgeschenk für deine kleine Schwester.
  - A Garten
  - B Kinderzimmer
  - C Untergeschoss

4 Du hast vom Einkaufen Hunger bekommen.
  - A Küche und Bad
  - B Untergeschoss
  - C 2. Stock

10

Wörter – Wörter – Wörter

12 Rund um die Wohnung

Finde 16 Wörter zum Thema *Wohnen*. Schreib die Wörter mit Artikel.

P	B	I	L	D	E	T	I	S	C	H
F	I	W	A	N	D	R	G	C	I	E
L	G	E	M	Ö	B	E	L	H	A	I
A	Ü	B	P	E	A	P	O	R	M	Z
N	Z	U	E	F	L	P	K	A	J	U
Z	Q	V	S	G	K	E	Y	N	G	N
E	B	I	U	S	O	H	S	K	A	G
T	E	L	F	E	N	S	T	E	R	Ä
N	T	A	B	H	A	M	U	F	T	O
I	T	E	P	P	I	C	H	J	E	N
O	R	Ü	R	E	G	A	L	B	N	W

die Möbel _____

_____ _____

_____ _____

_____ _____

_____ _____

_____ _____

_____ _____

_____ _____

13 Silbenrätsel

Was passt zusammen? Kombiniere die Wörter und ergänze die Artikel.

Kinder · Taschen · Zahn · Brille · Rechner · Tennis · Schläger
Kleider · Sonnen · Spange · Zimmer · Schrank

1. *das Kinderzimmer*
2. _____
3. _____
4. _____
5. _____
6. _____

14 Zu Hause

Ergänze die Gespräche mit den Wörtern aus dem Kasten.

> aufbleiben • aufräumen • erlaubt • Müsli • ~~Zimmer~~ • Küche • Boden • links • umräumen

1. ● Na, Mario, wie gefällt dir dein neues *Zimmer* ? ○ Sehr gut!
   ● Hier liegen aber noch sehr viele Sachen auf dem _____. Jetzt musst du noch _____. ○ Ja, aber zuerst will ich noch ein bisschen _____. Das Regal soll _____ an die Wand. Hilfst du mir?

2. ● Papa, kann ich nach dem Abendessen noch ein bisschen _____ und fernsehen?
   ○ Hat Mama das _____? ● Mmmmm.
   ○ Jetzt komm in die _____. Wir wollen essen. ● Ich möchte _____.
   ○ Müsli am Abend? Nein, jetzt gibt es Suppe.

15 Meine Wörter

Welche Wörter, Ausdrücke oder Sätze sind für dich wichtig? Schreib auf.

_____

siebenundsechzig 67

11 Freizeit in der Stadt

1 Leben in Berlin

a Was bedeuten die Schilder? Ordne zu.

1. Rauchen verboten! ___
2. Fotografieren verboten! ___
3. Telefonieren verboten! ___
4. Rasen betreten verboten! ___
5. Laut sprechen verboten! ___
6. Essen verboten! ___

b Erkläre die Schilder. Schreib Sätze mit *nicht dürfen*.

1. Hier darf man nicht rauchen.

c Ergänze die passende Form von *dürfen*.

1. In Deutschland _darf_ man mit 16 Jahren rauchen.
2. Er _____ erst Fußball spielen, wenn er die Hausaufgaben gemacht hat.
3. Janniks Mutter sagt: „Du _____ noch nicht raus! Du bist krank!"
4. Ihre Freunde _____ am Abend bis acht Uhr bleiben.
5. Ich _____ dieses Jahr eine große Geburtstagsfeier machen.
6. Ihr _____ noch eine Stunde bleiben.
7. Aber wir _____ nicht zu laut sein – meine kleine Schwester schläft schon.

- ~~darf~~
- darfst
- darf
- dürfen
- dürft
- dürfen
- darf

2 Berlin – die alte und neue Hauptstadt

a Lies den Text im Kursbuch noch einmal. Beantworte die Fragen mit wenigen Wörtern.

1. Wie alt ist Berlin? _800 Jahre._
2. Was ist Berlin seit 1990? _____
3. Was kann man in Berlin sehen? Nenne drei Dinge. _____
4. Wie viele Touristen besuchen Berlin jährlich? _____
5. Warum ist Berlin heute so international? _____

68 achtundsechzig

b Zahlenmix. Ergänze die Lücken.

1. 620 – _sechshundertzwanzig_
2. 4810 – _____
3. 12 000 – _____
4. _____ – siebentausendvierunddreißig
5. _____ – fünfzehntausendundfünfzehn
6. _____ – zweihunderttausendundacht

c Wie heißt das auf Deutsch und wie in deiner Sprache? Was ist gleich, was ist anders? Markiere.

	Deutsch	deine Sprache
1. 1 Mann, 1 Frau –	ein Mann, eine Frau	one man,
2. 2 Männer, 2 Frauen –		
3. 3 000 000 –		
4. 9. Mai 1981 –		

d Ergänze die Adjektiv-Endungen.

Wien, die Hauptstadt von Österreich, ist die größte Stadt in dem klein_en_ (1) Land – sie hat 1,7 Millionen Einwohner. Besucher können in der schön_____ (2) Stadt viel machen. Zum Beispiel kann man im gemütlich_____ (3) Kaffeehaus den berühmt_____ (4) Wiener Kaffee probieren – mit der lecker_____ (5) Sachertorte! Beim alt_____ Schloss Schönbrunn kann man im nah_____ (6) Park spazieren gehen und im beliebt_____ (7) „Prater" haben Kinder und Erwachsene Spaß.

3 Eure Stadt

a Lies den Text über Bern und ergänze die Lücken.

> ~~Hauptstadt~~ • Sehenswürdigkeiten • alt • Sprachen • berühmte
> Einwohner • Touristen • schönen • Mitte

Bern ist die _Hauptstadt_ von der Schweiz und hat ca. 130 000 _____. Sie ist über 800 Jahre _____ und liegt in der _____ von der Schweiz. In der Schweiz gibt es drei _____ – Deutsch, Französisch und Italienisch. In Bern sprechen die meisten Leute Deutsch. Es kommen aber auch viele _____ nach Bern, weil Bern viele _____ bietet. Besonders interessant sind die _____ Kirchen, aber auch der _____ „Zeitglockenturm".

b Lies den Text noch einmal. Antworte kurz auf die Fragen.

1. Wo liegt Bern? _In ..._
2. Wie viele Einwohner hat Bern? _____
3. Wie alt ist Bern? _____
4. Was ist berühmt? _____

neunundsechzig 69

11

4 Langeweile

a Was macht man wo? Verbinde.

1. Freibad
2. Zoo
3. Kletterhalle
4. Museum
5. Bücherei
6. Kaufhaus

A Bilder ansehen
B Kleider anprobieren
C Bücher leihen
D schwimmen
E Tiere ansehen
F klettern

b Es ist Freitag und du hast am Samstag den ganzen Tag Zeit. Du möchtest mit deiner Gesprächspartnerin / deinem Gesprächspartner etwas unternehmen. Was wollt ihr machen? Sprich mit deinem Partner / deiner Partnerin. Hast du noch andere Ideen oder Fragen?

Wohin? Zoo? Schwimmbad? 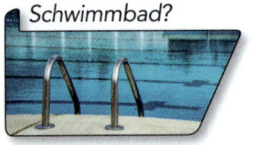 Park?

Wann? vormittags? mittags?  nachmittags?

Wo treffen? am Bahnhof? zu Hause?  am Eingang?

Essen und Trinken? mitnehmen? kaufen? ?

c Hör das Telefongespräch von Peter und Amelie. Was möchten sie machen?

Peter: _____

Amelie: _____

d Was antwortet Amelie? Ordne zu. Hör das Telefongespräch zur Kontrolle noch einmal.

Peter:
- Hallo Amelie, hier ist Peter.
- Ja, mir ist gerade langweilig. Hast du Zeit?
- Zwei Stunden? Ich wollte gern schwimmen gehen.
- Eis kann ich auch zu Hause essen. Nein, dann lieber in den Park.
- Das kannst du ja lernen. Aber wir können einfach ein bisschen mit dem Fahrrad fahren.
- Na gut, einverstanden.

Amelie:
- Und was machen wir im Park? Fußball spielen kann ich leider nicht …
- Hallo Peter. Schön, dass du anrufst.
- Gut, aber nur, wenn wir dann am Ende noch ein Eis essen.
- Ja, zwei Stunden. Dann muss ich zum Sport.
- Nein, schwimmen geht nicht. Ich habe noch Schnupfen. Aber wie wäre es mit einem Eis?

70 siebzig

5 Formular für die Kletterhalle

Du bist neu in der Kletterhalle. Schreib deine Angaben in den Mitgliedsausweis.

Kletterhalle „Gipfelstürmer" – Mitgliedsausweis
Name: _____ Straße: _____
Vorname: _____ Hausnummer: _____
Geburtsdatum: _____ Postleitzahl: _____
Geburtsort: _____ Wohnort: _____
Telefonnummer: _____ E-Mail-Adresse: _____
Datum und Ort: _____ Unterschrift: _____

6 Ohne Regeln geht es nicht.

a Ergänze die Regeln mit den Wörtern in der Klammer. Achte auf die Endungen.

1. In ein Museum darf man nicht mit ein**er** _____ _____ (groß, Tasche).
2. In ein Café darf man nicht mit ein____ _____ _____ (eigen, Torte).
3. In die Sporthalle darf man nicht mit _____ _____ (schmutzig, Schuhe).
4. Einen Reisepass bekommt man nur mit _____ _____ (aktuell, Foto).

b Schreib Sätze. Achte auf die Endungen im Dativ.

1. (in / die große Kletterhalle / können / du / jeden Tag / trainieren)
   In der großen Kletterhalle kannst du jeden Tag trainieren.

2. (mit / unbequeme Schuhe / machen / das Klettern / keinen Spaß)
   _____

3. (in / die kleine Kletterhalle / trainieren / Anfänger / mit / ein erfahrener Trainer)
   _____

4. (die Kurse / sein / für alle Mitglieder / mit / ein gültiger Mitgliedsausweis)
   _____

7 Ein kleiner Unterschied: *m* und *n*

a Hör die Wörter und ergänze die Lücken: *m* oder *n*?

2.8

eine____   billige____   ferne____   große____   heiße____   eigene____   saubere____

aktuelle____   rechte____   bequeme____   erfahrene____

b Hör die Ausdrücke und lies laut mit.

2.9

1. in einem bequemen T-Shirt
2. in einem praktischen Kurs
3. mit einem heißen Getränk
4. mit einem aktuellen Foto
5. einen erfahrenen Trainer
6. einen gültigen Ausweis

einundsiebzig 71

8 Robbie ist fleißig.

a Robbies, Antons, Nadjas und Pias Aussagen sind durcheinander. Sortiere.

1. Pia: Also ich lese gerade den Stadtplan, …	2. Anton: Ich übe schon den ganzen Nachmittag jonglieren, …	3. Nadja: Das ist doch ganz klar! Ich schminke mich, …	4. Robbie: Und ich verteile Zettel, …
… weil ich heute Abend zu Robbies Konzert gehe. _3_	… weil ich ein Konzert mit meiner Band habe. ___	… weil ich eine Straße suche. ___	… weil ich besser werden möchte. ___

b Schreib die richtigen Aussagen in dein Heft und verbinde die Sätze mit *denn*.

1. Ich lese gerade den Stadtplan, denn ich suche eine Straße.

c Was machst du gern und was nicht? Warum? Schreib Sätze mit *denn*.

früh aufstehen • in die Schule gehen • Geburtstag haben • eine Reise machen • einkaufen

1. *Ich stehe nicht gern früh auf, denn morgens bin ich immer müde.*
2. _____
3. _____
4. _____
5. _____

9 Wie kommen wir zum Konzert?

a Ergänze die Lücken in der Wegbeschreibung. Der Stadtplan im Kursbuch hilft.

Du gehst aus der Pizzeria raus und (1) _nach_ rechts. Das ist die Hauptstraße. Zuerst gehst du immer (2) _____ bis zur Kreuzung (3) _____ Kino. Da gehst du (4) _____ und nimmst dann die (5) _____ Straße links. Dann stehst du schon (6) _____ der Bücherei.

rechts • erste • geradeaus • ~~nach~~ • vor • am

b Wie kommt man da hin? Lies den Stadtplan im Kursbuch und schreib in dein Heft.

1. vom Spielplatz zur Post
2. vom Schwimmbad zum Supermarkt
3. von der Buchhandlung zum Rathaus

1. Geh immer geradeaus bis zur …

Wörter – Wörter – Wörter

10 Orte, Orte, Orte

a Wie heißen die Orte? Verbinde die Silben und notiere die Wörter mit Artikel.

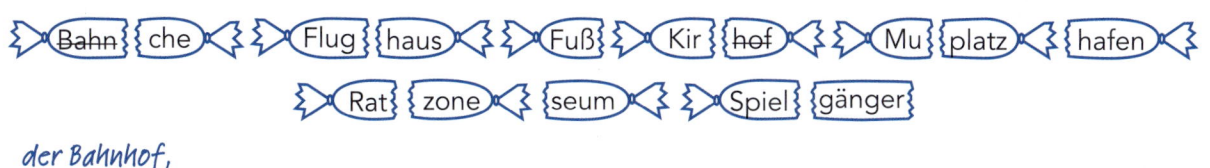

Bahn – che – Flug – haus – Fuß – Kir – hof – Mu – platz – hafen
Rat – zone – seum – Spiel – gänger

der Bahnhof, _____

_____

b Was passt nicht? Streich durch.

1. ~~Mitgliedsausweis~~ – Kletterhalle – Bücherei – Fitnessclub
2. Hauptstadt – Bauernhof – Sehenswürdigkeit – Stadtplan
3. Jugendzentrum – Freibad – Jugendzeitschrift – Disco
4. Unterschrift – Geburtsdatum – Wohnort – Bahnhof

11 Zahlen, Zahlen, Zahlen

Welche Zahlen sind das? Notiere.

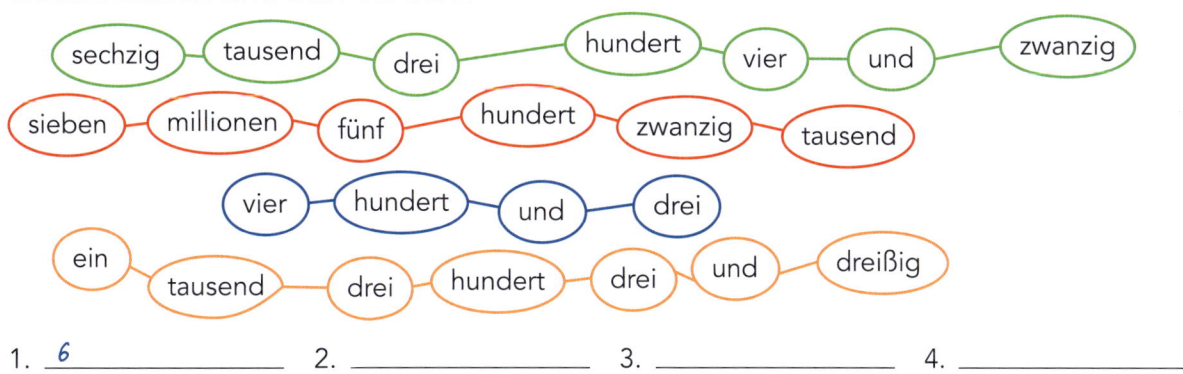

sechzig – tausend – drei – hundert – vier – und – zwanzig
sieben – millionen – fünf – hundert – zwanzig – tausend
vier – hundert – und – drei
ein – tausend – drei – hundert – drei – und – dreißig

1. _6_____   2. _____   3. _____   4. _____

12 Schön, schön, schön

a Welche Adjektive findest du? Markiere.

N**LANGWEILIG**STASCHÖNINGFERNGLALTOGTEUERSCHÄSSLICHBL**INTERESSANT**
FRORSCHRSCHEUSSLICHACHUNFBILLIGÜNSTNAHNEJUNGLICOOLWOPSWEIDLE

b Welche Adjektive aus Übung 12a bilden ein Paar? Ordne zu.

1. _langweilig_ – _interessant_   4. _____ – _____
2. _____ – _____   5. _____ – _____
3. _____ – _____   6. _____ – _____

13 Meine Wörter

Welche Wörter, Ausdrücke oder Sätze sind für dich wichtig? Schreib auf.

_____

12 Raus in die Natur

1 Hinaus aus der Stadt

Zu welcher Person passen die Ausdrücke? Notiere. Aufgabe 1a im Kursbuch hilft.

> einen Freund auf dem Land besuchen • ~~auf die Freundin warten~~ • mit der Band proben •
> dem Pferd Karotten bringen • in die Berge fahren • klettern gehen •
> laut Musik machen • zum Reitstall im nächsten Dorf fahren • zweimal pro Woche reiten

auf die Freundin warten,

2 In der Natur unterwegs

a Such die Gegensätze. Ergänze die Sätze.

~~eine Stunde~~   ~~Skateboard~~   ~~am Wasser~~   ~~in der Halle~~   ~~fünfmal~~

1. Der Ausflug dauert *nicht eine Stunde* _____, sondern drei Stunden.
2. Tabea reitet _____ pro Woche, sondern nur zweimal.
3. Angela klettert _____, sondern draußen.
4. Lea und Elias spielen _____, sondern im Wald.
5. Stefan und Dominik fahren _____, sondern Mountainbike.

b Was machen die Personen? Schreib Sätze mit *sondern*.

1. am Wasser spielen — Lea und Elias angeln nicht, *sondern (sie) spielen am Wasser.*
2. einen Spaziergang machen — Herr König reitet nicht, *sondern (er)* _____
3. Mountainbike fahren — Stefan und Dominik wandern nicht, _____
4. klettern gehen — Sie spielen nicht im Verein Fußball, _____
5. faulenzen — Frau Bürger macht keinen Ausflug, _____

c Schreib die Sätze 1 bis 3 aus 2b in deiner Sprache. Vergleiche die Sprachen.

_____
_____
_____

74 vierundsiebzig

3 Tabeas Hobby

Lies den Text. Ergänze die Lücken.

> allein • Angst • auf • einmal • gern • gut • Hobby • Reiten • Stall • teuer

Tabea liebt Pferde, _Reiten_ (1) ist ihr großes _____ (2). Reiten ist aber ziemlich _____ (3), deshalb jobbt sie _____ (4) dem Reiterhof. Die Arbeit im _____ (5) ist anstrengend, trotzdem macht sie das _____ (6). Tabea kann schon sehr _____ (7) reiten, deshalb darf sie auch _____ (8) reiten. Sie ist _____ (9) vom Pferd gefallen. Trotzdem hat sie keine _____ (10).

4 Oh je!

a *deshalb* oder *trotzdem*? Welcher Satz passt? Kreuze an.

1. Es ist heute sehr kalt.
   - A Deshalb ziehe ich warme Sachen an.
   - B Trotzdem bleibe ich in der warmen Wohnung.

2. Das Kino ist heute geschlossen,
   - A deshalb besuche ich Freunde.
   - B trotzdem sehe ich zu Hause eine DVD an.

3. Mir geht es nicht gut, ich bin krank.
   - A Deshalb bin ich in die Schule gegangen.
   - B Trotzdem habe ich für die Schule gelernt.

4. Ich gehe nicht gern wandern.
   - A Deshalb habe ich Wanderschuhe gekauft.
   - B Trotzdem muss ich beim Ausflug mitgehen.

b Was macht Piet? Schreib eine Geschichte. Wo brauchst du *deshalb*, wo *trotzdem*?

| Piets Hobby: Skateboard fahren | viele tolle Tricks können | einen Unfall haben | wieder Skateboard fahren | ein anderer Junge – das cool finden |

Piet hat ein großes Hobby: Skateboard fahren!

c Schreib je einen Satz mit *deshalb* und *trotzdem*.

1. Faulenzen finde ich super.   Deshalb ...
   Trotzdem ...

2. Spazieren gehen ist langweilig.   _____

5 Projekt: Fotostory über mein Hobby

P Arbeitet zu zweit. Ihr bekommt 5 Karten. Auf jeder Karte steht ein Thema. Erzähle zu jedem Thema ein paar Sätze über dich. Wechselt euch ab. Dein Partner / Deine Partnerin kann auch Fragen stellen.

Beispiel: Ich höre immer Musik, meistens vom Handy. Ich spiele aber kein Instrument.

Musik — Hobby — Taschengeld — am Wochenende — Sport — Shoppen

6 Feriencamps

P Lies den Text und die Aufgaben 1 bis 5. Richtig oder falsch? Kreuze an.

Leons Blog – Meine Ferien in den Bergen Tirols

Wir haben dieses Jahr Urlaub in den Bergen gemacht. Wir, also meine Mutter, meine Cousinen Hannah und Lara mit ihrem Vater Felix und seiner Freundin Emmy, und ich. Wir waren in einem kleinen Ort in Tirol, im Jugendhaus Obernberg. Zuerst habe ich gedacht, wir müssen jeden Tag wandern. Aber so schlimm war es nicht. An zwei Tagen sind wir auf hohe Berge gestiegen, auf den Tribulaun und auf den Kraxentrager. Das sind ja wirklich komische Namen. Das war anstrengend, aber auch schön, und am nächsten Tag sind wir dann zum Schwimmbad gefahren. Wir haben auch zweimal am Obernberger See ein Picknick gemacht. Ich bin kurz im See geschwommen, aber nur sehr kurz. Brrr, das Wasser war sooo kalt. Hannah hatte damit kein Problem, sie ist auch geschwommen: länger als ich!
Zwei Tage lang war schlechtes Wetter und es hat geregnet. Da habe ich einen Kletterkurs gemacht. Im Jugendhaus war auch ein großer Kletterraum. Das hat mir wirklich Spaß gemacht und ich will noch oft klettern. Zum Glück gibt es bei uns eine große Kletterhalle. Die ist nicht weit, ich kann sogar mit dem Fahrrad hinfahren. Nach einer Woche mussten wir wieder nach Hause, schade! Aber vielleicht fahre ich irgendwann wieder nach Tirol.

Aufgaben — richtig — falsch

1. Leon hat mit seinem Vater Felix Urlaub in den Bergen gemacht. ☐ ☐
2. Im Urlaub waren sie auf zwei hohen Bergen. ☐ ☐
3. Am Tag nach dem Bergwandern ist Leon schwimmen gegangen. ☐ ☐
4. Leon hat im Urlaub Klettern gelernt. ☐ ☐
5. Er ist in Obernberg mit dem Fahrrad zum Klettern gefahren. ☐ ☐

7 Ich in den Ferien

a *Wie* oder *als*? Ergänze die Lücken.

1. Ich mag Faulenzen genauso gern __wie__ Picknick machen.   2. Florian fährt lieber Snowboard _____ Skateboard.   3. Lisa findet Rad fahren nicht so cool _____ Reiten.   4. Ich finde Grillen besser _____ ein Picknick.   5. Tabea mag Pferde lieber _____ Hunde.

b Vergleiche. Schreib Sätze mit *wie* ins Heft.

1. Lisa • gern mögen: ☺ Klettern • ☺ Schwimmen
2. Anne • gut finden: ☺ Rad fahren • ☺ Reiten
3. Florian • nicht so gut finden: ☺ Laufen • ☺☺ Mountainbike fahren
4. Florian • nicht so gern mögen: ☺ Wandern • ☺☺ Skateboard fahren

8 Eine Nacht im Zelt

Sieh die Bildgeschichte an: Welcher Textteil passt zu welchem Bild? Notiere A–F.

A Es ist dunkel, die Nacht ist kalt. Es ist windig und ein bisschen unheimlich. Sie wollen schlafen und gehen ins Zelt.

B Es ist ein schöner Tag. Die Freunde machen einen Ausflug an einen See. Sie wollen campen.

C Es kommt ein Gewitter. Es blitzt und donnert. Pia hat schreckliche Angst.

D Kolja und Paul müssen die Zelte allein aufstellen. Sie sind genervt.

E Es ist heiß und die Rucksäcke sind so schwer. Sie schwitzen, aber sie sind glücklich.

F Später sitzen sie am Lagerfeuer und grillen Würstchen. Sie erzählen und lachen, es ist wunderschön.

Bild	1	2	3	4	5	6
Text	B					

9 Szenen

a Du hörst zwei Gespräche. Wo sind Ralf und Tina? Notiere: R und T.

___ in einem Hotel am Meer   ___ in einem Trainingscamp   ___ auf einem Reiterhof

___ in einem Jugenddorf   ___ in einem Gästehaus auf einer Insel

b Hör die Gespräche noch einmal. Welche Ausdrücke hörst du? Kreuze an.

Gespräch 1
- [X] So ein Blödsinn! Es ist so langweilig!
- [B] Ich fürchte mich so!
- [C] Ich mag nicht mehr!
- [D] Bleib einfach cool, bald ist es vorbei.
- [E] Morgen ist es vorbei.

Gespräch 2
- [A] Es ist hier echt super.
- [B] Ja, es ist total cool hier.
- [C] Ach, das ist ja schrecklich!
- [D] Fürchte dich nicht!
- [E] Du musst keine Angst haben!

10 Am Tag danach

Was hat Kolja von der Nacht im Zelt erzählt? Ordne die Geschichte.

___ Aber dann, in der Nacht, da hat es geregnet. Total stark! Es hat geblitzt und gedonnert! Und der Wind!

___ Aber ich habe gesagt: „He, das geht vorbei, warten wir noch ein paar Minuten, und dann ist alles wieder gut." Und so war es auch.

_1_ Mensch, das war echt krass gestern. Wir waren am See und wir haben im Zelt geschlafen.

___ Am Abend haben wir dann ein Lagerfeuer gemacht und gegrillt, alles war super.

___ Und die Mädchen haben sich natürlich total gefürchtet, und Paul hatte auch Angst, der war ganz blass und still.

___ Das war ein Wind, ich sage dir, es war echt unheimlich. Das Zelt ist fast weggeflogen und alles war nass.

___ Zuerst war ja alles okay. Das Wetter war total schön, es war richtig warm. Wir sind geschwommen, es war cool.

11 Was habt ihr draußen erlebt?

a Wähle einen Anfang und schreibe die Geschichte weiter. Wie hast du dich gefühlt: genervt, glücklich oder ängstlich?

> Das war vor ein paar Jahren. Ich war allein zu Hause. Da ist plötzlich ein Gewitter gekommen.

> Ich war zu Hause mit meinem Vater. Wir haben einen Film angesehen. Plötzlich war es in unserer Wohnung dunkel.

> Ich wollte fernsehen, meine Lieblingsserie. Aber dann hat meine Freundin / mein Freund angerufen.

b Lies deinen Text noch einmal und kontrolliere: Hast du verschiedene Satzanfänge benutzt? Hast du deine Gefühle beschrieben?

12 Wortakzent

a Markiere den Wortakzent. Hör zu und kontrolliere. (2.11)

| wu̱nderbar | wichtig | gemütlich | bequem | pünktlich |
| langweilig | unwichtig | genau | unbequem | möglich |

b Hör noch einmal und sprich nach.

c Markiere den Wortakzent. Hör zu und kontrolliere. (2.12)

| der Spo̱rt | der Sportler | die Sportlerin | sportlich | unsportlich |
| gesund | gesünder | am gesündesten | die Gesundheit | ungesund |

d Hör noch einmal und sprich nach.

Wörter – Wörter – Wörter

13 Landschaften

Wo siehst du das auf der Zeichnung? Ordne die Wörter mit Linien zu.

der Himmel · die Wiese · der Berg · der Wald · das Blatt · der Baum · die Höhle · der Schnee · die Sonne · die Brücke · die Wolken · das Dorf · die Insel · der See

14 Aktivitäten in der Natur

a Verbinde die Silben. Schreib die Wörter. Es sind 9 Verben.

> ~~fau~~ • gril • ~~len~~ • lau • rei • len • klet • cam • ~~zen~~ • wan • tern • schwim
> pen • fen • dern • se • men • geln • ten

faulenzen

b Was passt nicht? Streich durch.

1. Bergtouren machen – Mountainbike fahren – ein Gewitter kommen – klettern gehen
2. einen Spaziergang machen – sich sonnen – trainieren – faulenzen
3. auf der Wiese liegen – Würstchen grillen – Picknick machen – im Stall arbeiten
4. das Zelt aufstellen – auf dem Reiterhof jobben – am Lagerfeuer sitzen – im Zelt schlafen

15 Das Wetter

Erkennst du die Wörter und Ausdrücke in der Wortschlange? Schreib sie ins Heft.

DASWETTERDIESONNESCHEINTDERWINDESISTWINDIGDIEWOLKEESREGNETDERREGENDER SCHNEEESSCHNEITDASGEWITTERESBLITZTESDONNERT

das Wetter, die Sonne scheint,

16 Meine Wörter

Welche Wörter, Ausdrücke oder Sätze sind für dich wichtig? Schreib auf.

C Training

1 Sprechtraining: Ein Zimmer beschreiben

a Arbeitet zu zweit. Sprecht zusammen – Wohin stellt/hängt/legt ihr die Sachen? Zeichnet die Sachen in Zimmer 1 ein.

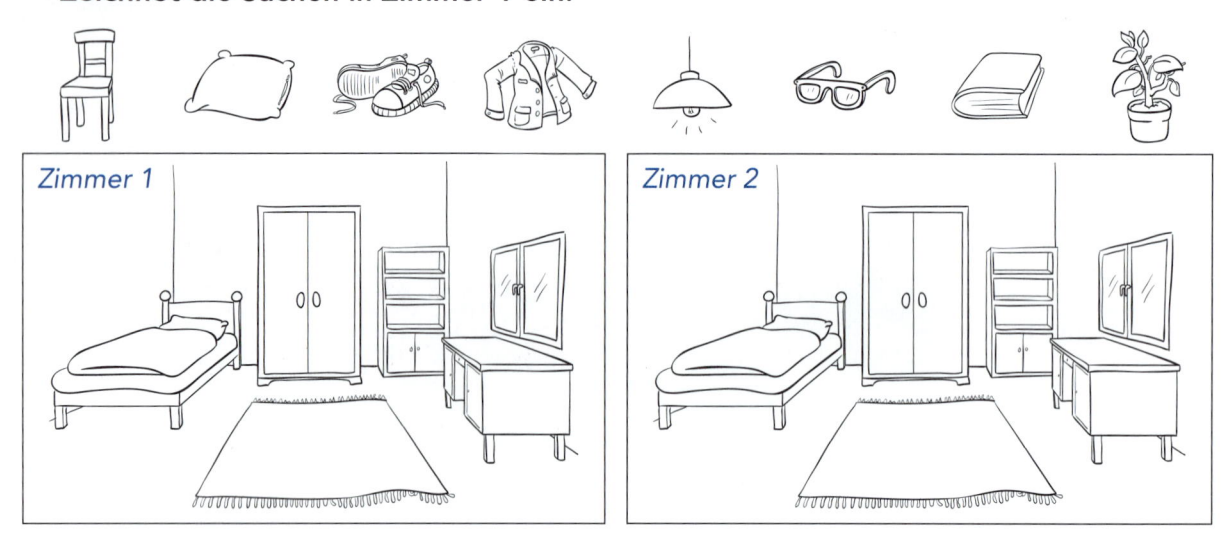

b Arbeitet jetzt zusammen mit einer anderen Gruppe. Stellt der anderen Gruppe Ja-Nein-Fragen: Wo stehen/hängen/liegen die Sachen aus 1a? Zeichnet in das Zimmer 2. Jede Gruppe hat fünf Minuten Zeit.

Liegt die Jacke auf dem Bett?

Nein.

Hängt die Jacke über dem Stuhl?

Ja.

c Vergleicht die Zimmer. Welche Gruppe hat die meisten Sachen richtig?

2 Sprechtraining: Von einem Ereignis berichten

a Wann hast du zum letzten Mal etwas gefeiert? Was hast du erlebt? Notiere passende Stichpunkte zu den Fragen.

Das Fest

1. Mit wem hast du gefeiert?
   _____

2. Was habt ihr gefeiert?
   _____

3. Wo habt ihr gefeiert?
   _____

4. Was ist passiert (zuerst, dann, später, plötzlich, ...)?
   _____
   _____

5. War das Fest toll, schrecklich oder ganz O.K.? Warum?
   _____

b Arbeitet in kleinen Gruppen. Verwendet eure Stichpunkte aus a und erzählt von eurem Fest.

Vor einem Monat hat meine Familie den Geburtstag von meiner Schwester gefeiert. Sie ist jetzt sieben Jahre alt ...

Bereite Gespräche oder Themen auf Deutsch vor. Sammle Wörter und überlege: Was kannst du erzählen?

c Wie war das? Sammelt zu jeder Erzählung aus 2b mindestens fünf Informationen. Die Person, die erzählt hat, kontrolliert.

Dunja hat erzählt, dass sie den Geburtstag von ihrer Schwester gefeiert hat. Sie ist acht Jahre alt geworden. ...

Nein, sie ist sieben Jahre alt.

3 Sprachmittlung: Einen Weg beschreiben

a Teilt eure Klasse in mehrere Gruppen mit 4 bis 5 Personen und stellt euch in einer Reihe hintereinander. Euer Lehrer / Eure Lehrerin nennt Person A in jeder Gruppe denselben Ort, z.B. die Sporthalle. Person A erklärt Person B den Weg vom Klassenzimmer bis zu dem Ort auf Deutsch, aber nennt den Ort nicht. Person B erklärt Person C den Weg in eurer Sprache, Person C erklärt wieder auf Deutsch und so weiter.

Du gehst raus und dann rechts. Die Treppe gehst du runter und dann links. Dann musst ...

b Die letzte Person in jeder Reihe nennt das Ziel der Wegbeschreibung. Vergleicht in der Klasse: Wer hat recht? Spielt dann noch einmal, tauscht die Reihenfolge.

4 Sprachmittlung: Einen Ort beschreiben

a Die schönste Stadt. Arbeitet zu zweit und notiert zu jedem Stichpunkt eine Frage über eine Stadt in eurem Land. Schreibt die Fragen auf Deutsch auf Kärtchen.

Einwohner

Sehenswürdigkeit

Wie alt?

Bekannte Straßen/Orte

berühmt für?

Wie viele Einwohner hat Madrid?

b Sucht Informationen in eurer Sprache über diese Stadt. Lest abwechselnd eine Frage vor, sucht die Antwort in eurem Material und antwortet eurem Partner / eurer Partnerin auf Deutsch.

13 Cool und fit?

1 Robbie früher und jetzt

Was passt? Kreuze an.

1. Robbies Hose passt ihm nicht. Sie ist …
   - [A] zu cool.
   - [B] zu blöd.
   - [X] zu lang.

2. Robbie hat keine kurzen Haare mehr. Er hat jetzt …
   - [A] blonde Haare.
   - [B] Rastalocken.
   - [C] Mozartlocken.

3. Robbie trägt …
   - [A] seine Sonnenbrille.
   - [B] einen zu kurzen Pullover.
   - [C] weite Hosen.

4. Robbie findet, er sieht richtig …
   - [A] cool aus.
   - [B] komisch aus.
   - [C] peinlich aus.

2 Der Streit

Was findet Robbie doof? Was findet Nadja doof? Ordne zu.

1. Nadja mag keinen Reggae. Sie findet
2. Robbie findet Nadjas Fingernägel furchtbar,
3. Robbie sagt, dass Nadja, Pia, Anton und Kolja
4. Robbies Frisur sieht schrecklich aus, weil
5. Robbie findet, dass Nadja
6. Nadja mag Robbies Kleidung nicht. Sie findet

A denn sie sind lila.
B Robbie sich nicht kämmt.
C kaputte Jeans uncool.
D unnatürlich aussieht.
E Robbies Musik unerträglich.
F keine Ahnung von Musik haben.

3 Robbies Brief

a Lies Martas Brief an Herrn Dr. Winter. Was ist richtig, was falsch? Kreuze an.

> Lieber Herr Dr. Winter,
> Claudia ist meine beste Freundin. Aber seit zwei Wochen hat sie nach der Schule keine Zeit mehr für mich. In den Pausen ist sie mit anderen Mädchen zusammen. Sie sind alle geschminkt und tragen viel Schmuck. Gestern hatte Claudia plötzlich blonde Haare und eine neue Frisur. Eigentlich hat sie braune Haare. Ich finde, das passt nicht zu ihr, und ich habe ihr gesagt, dass sie komisch aussieht. Sie war total genervt und hat gesagt: „Du verstehst das nicht, außerdem bist du uncool." Dann hat sie nicht mehr mit mir geredet. Deshalb bin ich traurig. Ich glaube, die anderen Mädchen sind jetzt ihre besten Freundinnen, weil sie Markenklamotten tragen. Claudia ist so arrogant! Trotzdem möchte ich, dass sie meine Freundin bleibt. Was kann ich nur machen? Bitte antworten Sie schnell! Marta

	richtig	falsch
1. Martas beste Freundin heißt Claudia.	X	☐
2. Claudia hat eine neue Haarfarbe. Jetzt sind ihre Haare blond.	☐	☐
3. Marta findet, dass braune Haare nicht so gut zu Claudia passen.	☐	☐
4. Claudia war genervt, weil Marta die neuen Freundinnen nicht mag.	☐	☐
5. Marta will nicht mehr Claudias Freundin sein, weil Claudia arrogant ist.	☐	☐

b Verbinde die Sätze mit *denn*, *und*, *aber* oder *oder*.

1. Marta schreibt einen Brief an Dr. Winter. Sie hat ein Problem.
   Marta schreibt einen Brief an Dr. Winter, denn sie hat ein Problem.

2. Claudias neue Freundinnen sind geschminkt. Sie tragen coole Markenklamotten.
   _____

3. Marta möchte Claudias Freundin bleiben. Sie weiß nicht, was sie machen kann.
   _____

4. Marta ist Claudias beste Freundin. Claudia redet nicht mehr mit ihr.
   _____

5. Marta ist traurig. Claudia ist in den Pausen mit anderen Mädchen zusammen.
   _____

6. Marta kann mit Claudia über das Problem reden. Sie kann sich neue Freundinnen suchen.
   _____

c Verschiedene Meinungen über Leserbriefe. Ergänze die Sätze im Heft. Der Kasten hilft.

> immer alle Leserbriefe in einer Zeitschrift lesen • keine Antwort bekommen haben • manchmal bei Problemen Hilfe brauchen • die Antworten meistens wirklich doof sein • bei Problemen gute Tipps geben können

1. Leserbriefe schreiben ist toll, denn …
2. Ich habe einmal einen Leserbrief geschrieben, aber …
3. Leserbriefe schreiben finde ich peinlich, trotzdem …
4. Dr. Winter ist Psychologe, deshalb …
5. Leserbriefe in Zeitschriften sind langweilig und …

1. Leserbriefe schreiben ist toll, denn manchmal braucht man bei Problemen Hilfe.

d Schreib die Sätze aus 3c in deiner Sprache ins Heft.

4 Das Veränderungsspiel

Beschreib Marias Aussehen früher und heute. Was ist jetzt anders? Schreib Sätze mit *und* und *außerdem*. Der Kasten hilft.

> Haare anders • nicht geschminkt
> lange Haare • kein Schmuck
> sportliche Kleidung
> viel Schmuck • schicke Kleidung
> geschminkt • sportlich

Früher:	Heute:
Maria hatte lange Haare. Außerdem …	*Marias Haare sind jetzt anders und …*

5 Parkour

Du hörst ein Interview. Du hörst den Text zweimal. Wähle für die Aufgaben 1–5 Ja oder Nein. Lies vorher die Aufgaben.

	Ja	Nein
0. Raffael fährt seit 5 Jahren professionell Skateboard.	X	☐
1. Kleine Kinder können schon Parkour machen.	☐	☐
2. Raffael findet Skateboarden gefährlicher als Parkour.	☐	☐
3. Raffael trainiert jeden Tag mit anderen Skateboardern.	☐	☐
4. Er trainiert im Winter am liebsten in der Halle.	☐	☐
5. Er hat samstags Zeit für Kino, Schwimmen und Computerspiele.	☐	☐

6 Leidenschaften

a Lies die E-Mail von Bettina und ergänze weil, wenn und dass.

Hallo Vincent,

du willst, _dass_ ich dir von meinen Hobbys erzähle? Also, meine Leidenschaft ist Steine sammeln. Ich liebe Steine, _____ (1) es sie überall auf der Welt gibt, aber kein Stein sieht so aus wie der andere. Ich freue mich immer, _____ (2) ich einen besonders schönen Stein finde. Ich glaube, _____ (3) ich schon über 1000 Steine gesammelt habe. Genau weiß ich das nicht, _____ (4) es so viele sind. Meine Eltern wollen nicht, _____ (5) alle Steine in meinem Zimmer sind. Die meisten liegen in der Garage. Vielleicht kann ich dir bald Fotos schicken, _____ (6) mein Bruder mir seine Kamera leiht.

Also bis dann und schreib bald zurück!
Bettina

b Was gehört zusammen? Verbinde Haupt- und Nebensätze und wähle das passende Verb.

1. Bettina schreibt die Mail,
2. Bettinas Eltern finden es gut,
3. Bettina glaubt,
4. Bettina ist immer sehr glücklich,
5. Bettina weiß nicht, wie viele Steine sie hat,

dass Bettina die Steine in die Garage …
weil Vincent nach Bettinas Hobbys …
weil sie die Steine nicht …
wenn sie einen schönen Stein …
dass sie schon 1000 Steine …

sammeln
fragen
finden
bringen
zählen

c Schreib die Sätze mit den Nebensätzen im Perfekt ins Heft.

1. Bettina schreibt die Mail, weil Vincent nach Bettinas Hobbys gefragt hat.

84 vierundachtzig

d Bring die Sätze in die richtige Reihenfolge.

1. freue / Ich / mich / , / dass / viel draußen sein / ich / kann / beim Parkour / .
   Ich freue mich, dass ich beim Parkour viel draußen sein kann.

2. faul sein / Man / darf / nicht / , / wenn / gewinnen / Wettkämpfe / will / man / .
   _____

3. Meine Leidenschaft / Musik / ist / , / weil / sehr gut / ich / kann / Gitarre spielen / .
   _____

4. Ich / es / super / finde / , / dass / bald / alleine / darf / reisen / ich / .
   _____

7 Notruf 112

a Ergänze das Gespräch.

Operation • gebrochen • ~~Hand~~ • Verband • Fleck • Rezept • Schmerztabletten
Rücken • verletzt • Apotheke

● Was ist mit meiner _Hand_ ? Ist sie _____ (1)?
○ Nein. Deine Hand ist nur leicht _____ (2). Das ist nicht schlimm.
   Du bekommst ein _____ (3) für eine Salbe und _____ (4).
   Geh mit dem Rezept zur Apotheke.
● Dann brauche ich keine _____ (5) und kann heute wieder nach Hause?
○ Ja, aber zuerst bekommst du einen _____ (6).
● Mein _____ (7) tut übrigens auch weh.
○ Keine Sorge. Das wird nur ein großer blauer _____ (8). Das ist alles.

b Hör das Gespräch zur Kontrolle.
2.14

8 Aber der Arzt hat gesagt …

a Welche Form ist richtig? Kreuze an.

1. Ich bin verletzt. Ich [X] soll [ ] sollt mich nicht so viel bewegen.
2. Raffael [ ] sollt [ ] soll zwei Wochen nicht zum Training gehen.
3. Traceure [ ] soll [ ] sollen bei Regen in der Halle trainieren.
4. [ ] Sollst [ ] Sollt du mehr Gemüse essen? –
   Nein, aber ich [ ] sollen [ ] soll mehr Sport machen.
5. [ ] Sollt [ ] Sollen ihr nicht euer Zimmer aufräumen? – Wir sind schon fertig!
6. Wir [ ] soll [ ] sollen jeden Tag 20 Minuten Mathe lernen.

	sollen
ich	
du	
er/es/sie	*soll*
wir	
ihr	*sollt*
sie/Sie	

b Ergänze die Formen von *sollen* in der Tabelle. Übung 8a hilft.

fünfundachtzig 85

9 Haben Sie ein Rezept?

a Was passt nicht? Streich durch.

A
1. der Unfall
2. ~~geschminkt~~
3. verletzt

B
1. die Frisur
2. die Grippe
3. die Tabletten

C
1. das Rezept
2. das Wartezimmer
3. die Salbe

D
1. der Termin
2. die Versichertenkarte
3. die Markenkleidung

b Sortiere das Gespräch und schreib es richtig ins Heft.

☐ Sind die Medikamente teuer?
☐ Ah, du brauchst eine Salbe und Schmerztabletten. Einen Moment, bitte.
☒ 1 Guten Tag. Was kann ich für dich tun?
☐ Auf Wiedersehen – und gute Besserung!
☐ Guten Tag, ich habe hier ein Rezept.
☐ Nein. Kinder und Jugendliche müssen nichts bezahlen.
☐ Super. Auf Wiedersehen.

10 Projekt: Pech beim Sport – Unsere Verletzungshitliste

Es sind Ferien. Deine Mitschülerin Ina hatte im Zirkuscamp einen Unfall und liegt im Krankenhaus. Die ganze Klasse möchte Ina am Freitagnachmittag im Krankenhaus besuchen. Frau Strählen, eure Lehrerin, organisiert. Schreib ihr eine E-Mail:
– Sage, dass du kommst.
– Informiere, was du Ina mitbringen möchtest.
– Frag nach dem Treffpunkt.

Schreib 30–40 Wörter.
Schreib zu allen drei Punkten.

_____
_____
_____
_____
_____
_____
_____

11 Wortakzent

a Was ist betont? Unterstreiche.

Gel<u>ä</u>nder   Hausarzt   Beruf   Erfahrung   Geschenk   Rezept   Wettkampf
Verspätung   Operation   Wartezimmer

b Hör zur Kontrolle und sprich dann nach.
2.15

86   sechsundachtzig

Wörter – Wörter – Wörter

12 Wie siehst du denn aus?

Wie viele Wörter zum Thema Aussehen findest du? Schreib sie in dein Heft. Ergänze, wo nötig, den Artikel.

DRFINGERNÄGELHARBLONDJUPIGESCHMINKTCHASRASTALOCKENKÖFRISURGÖLAK
UNNATÜRLICHPEZIHÄSSLICHNURPEINLICHOSCHICKKLIMPSCHMUCK

die Fingernägel,

13 Unfall-Rätsel

Ergänze die Wörter. Wie heißt das Lösungswort?

1. „112" ist die Telefonnummer für den …
2. Wenn der Unfall sehr schlimm war, braucht man eine … OPERATION
3. Man bekommt es, wenn z. B. der Arm verletzt ist.
4. Man kann sie nehmen, wenn es sehr weh tut.
5. Der Arm ist sehr stark verletzt. Er ist …
6. Für Medikamente aus der Apotheke bekommt man vom Arzt ein …

Das Lösungswort heißt: _____

14 Krank und verletzt

a Was passt wo? Ordne zu und ergänze die Artikel.

> Verband • Krankenhaus • Pflaster • Rückenschmerzen • Hausarzt • Salbe
> Apotheke • Fieber • Medikamente • Grippe • Fuß gebrochen

Hier bekommt man Hilfe, wenn man krank ist.	Krankheiten und Verletzungen	Das braucht man, wenn man krank oder verletzt ist.
das Krankenhaus,		

b Wie heißen die Wörter? Sortiere.

stunde • Apo • ken • karte • Sprech • Ver • theke • haus • sicherten • Kran

1. _____ 2. _____ 3. _____ 4. _____

15 Meine Wörter

Welche Wörter, Ausdrücke oder Sätze sind für dich wichtig? Schreib auf.

_____

siebenundachtzig 87

14 Elektronische Freunde

1 Was ist denn das?

Ordne die Medien den Aktivitäten zu. Manche Medien passen mehr als einmal.

> das Smartphone • ~~das Radio~~ • das Telefon • der Computer • der Fernseher
> der Nintendo • der Plattenspieler • der CD-Player • die Playstation • das Tablet

Musik hören	mit anderen sprechen	Nachrichten und Filme sehen	spielen
das Radio, ...	_____	_____	_____
_____	_____	_____	_____
_____	_____	_____	_____
_____	_____	_____	_____

2 Medien in meiner Welt

a Was macht Eva mit Medien? Streich die falschen Verben durch und korrigiere. Die Verben im Kasten helfen.

> hören • lesen • ~~schreiben~~ • sehen • spielen • sprechen

1. In der Pause ~~telefoniert~~ Eva gerne Nachrichten.   *schreibt*
2. Im Auto sieht sie gern Nintendo.   _____
3. Am Computer hört sie gern eine DVD.   _____
4. Mit ihrem MP3-Player liest sie Musik.   _____
5. In der Zeitung spielt sie das Kinoprogramm.   _____
6. Am Telefon liest sie mit ihrer Freundin.   _____

b Eva erzählt. Wie heißt die Zeitangabe richtig? Kreuze an.

1. Das bin ich 2004 ☐ *mit* ☐ *seit* drei Jahren.
2. ☐ *Seit* ☐ *Mit* dieser Zeit habe ich viele Bücker bekommen.
3. Lesen habe ich zwischen 2007 ☐ *bis* ☐ *und* 2009 in der Schule gelernt.
4. ☐ *Bis* ☐ *Mit* 5 Jahren habe ich meine ersten Comics bekommen.
5. ☐ *Seit* ☐ *Von* 2010 habe ich über 200 Comics gelesen und gesammelt.
6. ☐ *Bis* ☐ *Seit* 5 Jahren habe ich einen eigenen Computer.
7. Zuerst durfte ich nur am Nachmittag ☐ *seit* ☐ *von* 16 bis 17 Uhr im Internet surfen.

c Schreib deine Geschichte ins Heft. Benutze *mit*, *seit*, *zwischen* und *von ... bis*.

14

3 Medien im Alltag?

a Findest du 14 Wörter zum Thema Internet? Schreib die Substantive mit Artikel.

A	N	S	C	H	L	U	S	S	X	C	U	C	T
I	U	P	R	O	G	R	A	M	M	O	Q	H	A
N	B	I	L	D	S	C	H	I	R	M	O	A	B
F	T	E	V	L	H	C	R	B	K	P	N	T	L
O	I	L	D	U	S	D	L	E	J	U	L	R	E
R	K	O	S	P	U	N	I	K	A	T	I	O	T
M	N	A	C	H	R	I	C	H	T	E	N	O	Z
A	I	W	D	B	F	E	E	O	Y	R	E	M	S
T	I	V	I	D	E	O	F	U	G	W	P	Ö	C
I	N	T	E	R	N	E	T	S	F	T	M	P	B
O	K	R	D	V	E	G	K	F	E	O	C	V	L
N	R	S	M	A	R	T	P	H	O	N	E	N	G

die Information, …

_____

_____

_____

_____

_____

_____

_____

_____

_____

_____

_____

_____

_____

b 2.16 Lies die Aufgabe gut durch. Du hast 30 Sekunden Zeit. Situation: Du hörst fünf Schüler, die befragt werden. Hör gut zu und kreuze die richtigen Antworten an. Pro Person sind mehrere Antworten möglich. Du hörst die Texte ein Mal.

	am Computer spielen	Informationen suchen	Filme und Videos ansehen	Nachrichten schreiben, chatten
Lara	☐	☐	☐	☐
Felix	☐	☐	☐	☐
Nora	☐	☐	☐	☐
Josef	☐	☐	☐	☐
Carina	☐	☐	☐	☐

4 Internet bei uns

Schreib Fragen für ein Interview.

1. du / einen eigenen Computer / haben / ?   *Hast du einen eigenen Computer?*
2. jeden Tag / du / wie lange / online / sein / ?   *Wie lange …*
3. im Internet / in deiner Familie / surfen / wer / am meisten / ?   _____
4. du / im Internet / mit Freunden / chatten / ?   _____
5. seit wann / du / im Internet / surfen / dürfen / ?   _____
6. im Internet / am liebsten / was / du / machen / ?   _____

neunundachtzig 89

5 Handy-Sorgen

a Finde zu jedem Bild zwei passende Ausdrücke. Schreib sie unter das Bild.

> die Rechnung bekommen • guten Empfang haben • ~~das Handy anmelden~~
> das Handy aufladen • das Handy sperren • der Akku ist leer
> kein Guthaben mehr haben • keinen Empfang haben

1 *das Handy anmelden, ...* 2 _____ 3 _____ 4 _____

b Ergänze die Lücken. Nicht alle Wörter passen.

> gesagt • Handy • haben • hat • ihr • sein • Monat • nein • nicht
> schicken • ~~Nachrichten~~ • telefoniert • Woche

Pia hat Nadja drei *Nachrichten* (1) geschickt. Aber Nadja hat _____ (2) geantwortet. Sie konnte keine Nachrichten _____ (3) oder telefonieren. Nadjas Papa hat ihr _____ (4) gesperrt, weil Nadja zu viel _____ (5) und zu viele Nachrichten geschickt _____ (6). Nadja muss bis zum nächsten _____ (7) warten. Dann kann sie _____ (8) Handy wieder benutzen.

c Was durfte man machen, was nicht? Ergänze die Sätze.

im Bus   mit 6 Jahren   im Unterricht   auf dem Schulhof   auf der Straße

1. ich *Im Bus durfte ich nicht* _____ essen.
2. Lisa *Mit 6 Jahren ...* _____ Cola trinken, aber ich nicht.
3. die Schüler _____ mit dem Handy telefonieren.
4. wir _____ Fahrrad fahren.
5. Tom und Max _____ Skateboard fahren.

d Wie sagt man das in deiner Sprache? Schreib ins Heft.

6 Da ist mir was passiert!

Was passt: *können*, *wollen* oder *müssen*? Ergänze die richtigen Formen im Präteritum.

1. Ich war bei meinem Freund Piet. Ich _____ dringend telefonieren, aber der Akku war leer.   2. Ich _____ das Handy von Piet nehmen.   3. Aber ich _____ nicht telefonieren, weil Piet kein Guthaben mehr hatte.   4. Also _____ wir mit dem Computer skypen.   5. Aber wir _____ das Programm nicht öffnen. So ein Mist!   6. Deshalb _____ ich schnell nach Hause fahren.   7. Aber ich _____ nicht: Mein Fahrrad hatte einen Platten.

90   neunzig

7 Das tut man nicht!

a Familie Knigge beim Abendessen. Schreib fünf höfliche Bitten.

> ~~das Brot geben~~ • die Serviette nehmen • das Dessert holen • still sitzen • leise essen

1. *Könntest du mir das Brot geben?*
2. *Könntet ihr ...*
3. _____
4. _____
5. _____

b Jemanden auffordern: Schreib Sätze mit Imperativ.

1. Leon, Tür zumachen, bitte! — *Leon, mach bitte die Tür zu!*
2. Alle leise sein, bitte! — *Seid bitte*
3. Tina und Matti, reinkommen!
4. Matti, die Schuhe ausziehen!
5. Tina, ins Bett gehen!
6. Leon und Sam, aufhören!

8 Betonung in Aufforderungen

a 2.17 Hör die Sätze. Achte auf die Betonung! Kreuze an: freundlich oder unfreundlich?

	freundlich	unfreundlich
1. Telefonier bitte draußen!	☐	☒
2. Könntest du bitte draußen telefonieren?	☐	☐
3. Ruf mich morgen noch mal an!	☐	☐
4. Kannst du mich morgen noch mal anrufen?	☐	☐
5. Sprecht bitte leiser!	☐	☐
6. Könntet ihr bitte leiser sprechen?	☐	☐

b 2.18 Ordne die Sätze von höflich bis unhöflich. Hör zu und kontrolliere.

> Kannst du aufhören? • Aufhören! • Hör auf, bitte! • Hör endlich auf!
> Hörst du bitte auf? • ~~Könntest du bitte aufhören?~~

sehr höflich — *Könntest du bitte aufhören?* — ... — **sehr unhöflich**

9 Gesucht

a Ordne die Anzeigen.

Anzeige 1

___ Nicht zu teuer. Und einen Sänger!
_1_ Musik hören ist gut, Musik machen ist besser. Wir suchen einen Raum zum Proben.
___ Mail an rock_frontmen@gmx.de; SMS 0172/37563124
___ Wenn du einen Raum hast und noch dazu singen kannst, dann bist du total richtig.

Anzeige 2

___ Hanna.Berger@chello.de
___ Alle Bücher von Lemony Snicket haben mir gut gefallen.
___ Oder leihst du mir ein paar Bücher?
___ Ich passe gut auf und gebe sie dir schnell zurück.
___ Oder auch „Tintenherz" von Cornelia Funke. Gibst du mir ein paar Buchtipps?

b Schreib zwei Antworten in dein Heft. Die Kästen helfen.

| Bücher von Christine Nöstlinger nicht verkaufen, aber leihen gut aufpassen müssen Adresse: gurkenkönig@chello.at | eine gute Sängerin kennen – mich! auch Gitarre spielen leider keinen Raum haben anrufen oder Nachricht an Susi, 0712/3671913 |

Ich habe Bücher von ...

10 Tauschen in der Klasse

a *mir, dir* … Schreib Sätze mit Dativ und Akkusativ.

1. Ich lese gern. (ein paar Bücher?)   Kannst du _mir_ _ein paar Bücher_ leihen?
2. Magst du Musik? (meine CDs)   Ich verkaufe ____ _meine CDs_ ____
3. Ich suche ein Geschenk. (ein Tipp?)   Kannst du ____ ____ geben?
4. Eva möchte zur Party kommen. (der Weg?)   Kannst du ____ ____ erklären?
5. Alex hat kein Geld. (eine Kinokarte)   Ich kaufe ____ ____.

b Ergänze die Sätze. Der Kasten hilft.

1. Unsere Oma hat _uns_ Geschichten vorgelesen. Hat deine Oma _____ auch Geschichten vorgelesen?   2. Meine Lehrerin hat _____ die Regeln gut erklärt. Und eure Lehrerin? Hat sie _____ auch die Regeln erklärt?   3. Tina und Matti haben Geburtstag. Die Freunde schenken _____ Konzertkarten.

| euch |
| dir |
| ihnen |
| mir |
| ~~uns~~ |

14

Wörter – Wörter – Wörter

11 Medien und Aktivitäten

a Was gehört zusammen? Bilde Wörter und notiere den Artikel.

Bild | di | Fern | fon | er | Netz | le | ler | ø
Plat | Ra | schirm | seh | spie | Te | werk | ten

1. das Radio   3. _____ Netz   5. _____ Plat
2. _____ Te   4. _____ Kas   6. _____ Bild

b Was passt? Verbinde.

1. Von 17 bis 18 Uhr surfe ich
2. Seit 8 Jahren telefoniere ich
3. Meine Oma hat früher

mit dem Plattenspieler
mit dem Smartphone
mit dem Computer

und schicke Nachrichten.
Musik gehört.
im Internet.

12 Handy-Ausdrücke

Was kann mit dem Handy passieren? Ordne zu.

1. _C_ der Akku   A vergessen   4. ___ keinen Empfang   A im Unterricht
2. ___ die PIN   B falsch schicken   5. ___ das Handy   B haben
3. ___ eine Nachricht   C ist leer   6. ___ es klingelt   C verwechseln

13 Verben mit Dativ

Ergänze die Verben in der richtigen Form. Wie heißt das Lösungswort?

erklären • erzählen • schenken • ~~schicken~~ • geben • leihen • helfen • mitbringen

1. Ich kann euch einen guten Tipp …
2. In der Bibliothek kann ich Bücher …
3. Was haben dir deine Eltern zu Weihnachten …?
4. Kannst du mir eine SMS …?
5. Opa hat uns immer tolle Geschichten …
6. Wir haben ein Problem. Könnt ihr uns …?
7. Du gehst einkaufen? Kannst du mir einen Saft …?
8. Kannst du mir den Weg …?

S C H I C K E N

14 Meine Wörter

Welche Wörter, Ausdrücke und Sätze sind für dich wichtig? Schreib auf.

_____

15 Nach der Schule

1 Wie hat es dir gefallen?

a Was passt nicht? Streich durch.

Friseur — Rastalocken – Haare färben – ~~Reifen wechseln~~ – Models stylen
Radiosender — Mikrofon – Nachrichten – moderieren – reparieren
Tierarzt — Hunde streicheln – Hunde kaufen – Spritzen geben – Medikament
Autowerkstatt — Automechaniker – Motorrad – Straßenbahn – Autoreifen

b Schreib Sätze über Nadjas, Pias, Robbies und Koljas Praktikum in dein Heft.

1. Nadja / ihr Praktikum / hat / gemacht / beim Friseur / .
2. geholfen / einer Tierärztin / Pia / hat / .
3. Robbie / viel Spaß / hatte / nicht / beim Radiosender / .
4. Kolja / in der Autowerkstatt / Reifen wechseln / nur / durfte / .

> 1. Nadja hat ihr Praktikum beim Friseur gemacht.

c Lies den Text. Wo hat Anton sein Praktikum gemacht?

> Ich musste schon sehr früh aufstehen. Mein Praktikum hat um 7.00 Uhr begonnen. Ich habe den ganzen Tag gesungen, Geschichten gelesen, gespielt und mittags beim Kochen geholfen. Nachmittags war ich mit vielen Kindern im Garten. Es war anstrengend, aber ich hatte auch viel Spaß.
>
> Ich war im ☐☐☐☐☐☐☐☐☐☐

2 Pauls E-Mail

a Ergänze die Lücken in Pias Mail an Paul.

Pause • um halb acht • Vormittag • ~~morgen~~ • vorgestern • Viertel nach elf • Arbeit • Minuten

Hallo Paul,

danke für deine Mail – ich freue mich schon, wenn du _morgen_ zurückkommst! Mein Praktikumstag _____ (1) war auch toll. Die Arbeit hat früh morgens _____ (2) angefangen. Am _____ (3) waren drei Hunde, ein Papagei und zwei Katzen in der Praxis – es war ganz schön viel zu tun. Erst um _____ (4) hatte ich eine kurze Pause. Um eins haben wir zusammen gegessen und die Tierärztin hat mir ganz viel über ihre _____ (5) erzählt. Das waren die einzigen ruhigen _____ (6), denn bis zum Abend haben wir ohne _____ (7) gearbeitet.

Also bis morgen :-)   Pia

b   Was hast du gestern gemacht? Schreib die Sätze zu Ende.

1. Morgens um sieben _hat mein Wecker geklingelt und ich bin aufgestanden._
2. Um halb neun _____
3. Vor dem Mittagessen _____
4. Um Viertel vor drei _____
5. Am Nachmittag _____
6. Nach dem Abendessen _____
7. Von neun bis zehn _____
8. Und um _____ bin ich schlafen gegangen!

3 Ein besonderer Tag

Der Computer hat die Mails von Lena (A) und Christian (B) durcheinander gebracht. Sortiere und schreib die kompletten Mails in dein Heft.

☐ ☐ 1. … nachmittags Ausflüge mit dem Fahrrad gemacht und gestern habe ich endlich mein Mofa repariert.

☐ ☐ 2. Viele Grüße Lena

☐ ☐ 3. Abends waren wir in Restaurants essen und einmal durfte ich sogar nachts in die Disco.

☐ ☐ 4. So eine Woche zu Hause ist gar nicht schlecht: Ich bin erst um 10 Uhr aufgestanden und …

☐ ☐ 5. Sehen wir uns morgen? Hoffentlich :-) Dein Christian

☐ ☐ 6. Gestern bin ich zurückgekommen und morgen geht es wieder in die Schule.

☐ ☐ 7. Ich bin am Morgen im Meer geschwommen, habe von elf bis zwölf surfen gelernt und habe dann …

[A] [1] 8. Lieber Christian, wie war deine letzte Ferienwoche zu Hause?

[B] [1] 9. Liebe Lena, wie war es denn bei dir in Spanien?

☐ ☐ 10. … bis um 12 Uhr habe ich gelesen oder am Computer gespielt. Nach dem Mittagessen habe ich Freunde getroffen, wir haben …

☐ ☐ 11. … bis zum Abend am Strand gelegen.

☐ ☐ 12. In den Ferien war ich in Spanien – dort war es super:

Mail A:
Lieber Christian,
wie war deine letzte Ferienwoche zu Hause?

Mail B:
Liebe Lena,
wie war es denn bei dir in Spanien?

15

4 Zukunftsträume

a Ergänze die Lücken in Ritas und Leas Gespräch. Der Kasten hilft.

> helfen • lieben • schreiben • Talent • Schriftstellerin • Ausbildung
> Krankenschwester • Medizin

- Hallo Lea, was möchtest du denn später werden?
- Hallo Rita. Also, du weißt doch, ich _____ Bücher und _____ selbst Geschichten.
- Ja, das weiß ich. Und, willst du Journalistin werden?
- Nein, nein, aber ich will schreiben. Deshalb werde ich _____.
- Coole Idee! Aber ich habe für diesen Beruf leider kein _____.
- Aber du hast doch bestimmt auch einen Zukunftstraum.
- Stimmt. Ich möchte gern _____ werden.
- Und warum?
- Ich interessiere mich für _____ und möchte keine lange _____ machen. Außerdem möchte ich anderen Leuten _____.

b Wie heißt es richtig? Ergänze *werden* in der passenden Form.

1. Thilo möchte später Arzt _werden_.
2. Ich glaube, ich _____ lieber Ingenieur wie mein Vater.
3. Mein Freund und ich _____ beide Journalisten.
4. Hast du dich endlich entschieden? Was _____ du denn?
5. Unsere Freundinnen haben gesagt: Ihr _____ Musiker und wir _____ Sängerinnen.
6. Mein Bruder _____ Fußballer und meine Schwester _____ Lehrerin. Und ich – ich _____ Banker.

c Übersetze die Sätze 1 bis 3 aus 4b in deine Sprache. Wie sagt man „werden"?

5 Berufswahl begründen

Wer wird was – und warum? Schreib Sätze mit *also* über die Berufe.

1. Nadja – Mode und Aussehen interessant finden
   Nadja findet Mode und Aussehen interessant, also möchte sie vielleicht Friseurin werden.

2. Pia – Tiere lieben
   _____

3. Robbie – gern Gitarre spielen
   _____

4. Kolja – gut Sachen reparieren können
   _____

5. Anton – Talent für Zaubertricks haben
   _____

Friseurin
Zauberer
Automechaniker
Tierärztin
Musiker

96 sechsundneunzig

15

6 Dein Zukunftstraum

a Hör das Gespräch von Robbie und Anton. Was möchten sie werden? Warum? Notiere die Antworten in Stichpunkten.
2.19

Robbie: _vielleicht Musiker,_ _____

Anton: _____

b Schreib einen Text über Robbies und Antons Zukunftsträume in dein Heft.

Robbie findet, dass Musiker ein toller Beruf ist, weil ...

7 Lisa im Verlag

a Was macht Lisas Kollege Georg? Schreib Sätze ins Heft. Die Wörter helfen.

| gehen – Haus | kommen – Büro | sitzen – Computer | gehen – Kantine – Kollegen | stehen – Kopierer | warten – Haltestelle |

Georg geht um Viertel vor acht aus dem Haus. / Um 7.45 geht Georg aus dem Haus.

b *Wo* oder *wohin*? Kreuze jeweils die passende Form an.

1. Lisa stellt das Fahrrad ☐ vor dem ☐ vor das Bürogebäude.
2. Sie kauft sich einen Kaffee ☐ in der ☐ in die Kantine.
3. Danach geht sie ☐ in ihrem ☐ in ihr Büro.
4. Sie stellt ihren Kaffee ☐ auf dem ☐ auf den Tisch.
5. Beim Mittagessen setzt sie sich ☐ neben ihrem ☐ neben ihren Chef.
6. Sie sitzt ☐ zwischen ihrem ☐ zwischen ihren Chef und der neuen Kollegin.
7. Am Nachmittag arbeitet sie die ganze Zeit ☐ am ☐ an den Computer.

8 Tu, was wir sagen!

Anton will Plato trainieren. Schreib seine Befehle auf.

1. springen – über – der Stuhl   _Spring über den Stuhl!_
2. laufen – zu – Schrank   _____
3. gehen – hinter – Tür   _____
4. tanzen – vor – Regal   _____
5. springen – auf – Bett   _____

siebenundneunzig 97

9 Nicht wie alle anderen

Fünf Jugendliche wollen Erfahrungen im Beruf sammeln und lesen Anzeigen im Internet. Lies die Aufgaben 0–5 und die Anzeigen (A–F). Welche Anzeige passt zu welcher Person? Für eine Aufgabe gibt es keine Lösung. Markiere so [X].

0. Helene liebt Tiere und ist gern draußen. — *C*
1. Jamal liest gern und möchte Schriftsteller oder Journalist werden. ☐
2. Sarah kann nur am Wochenende arbeiten. ☐
3. Anette spricht gut Englisch. Sie möchte in den Ferien morgens arbeiten. ☐
4. Roman passt gern auf kleine Kinder auf und möchte später vielleicht als Lehrer arbeiten. ☐
5. Andy hat in den Ferien viel Zeit zum Arbeiten. ☐

A PIZZA	Du hast ein schnelles Fahrrad? Prima. Dann arbeite bei uns und bring den Leuten Pizza. Immer Samstag 11–15 oder 17–21 Uhr. www.pizza-blitz.de	D KiTa	Du magst Kinder? Vielleicht ist Erzieher der richtige Beruf für dich. Auch Jungs sind herzlich willkommen. Mehr Infos: www.kita-himmelblau.de
B	Langeweile in den Sommerferien? Arbeite bei uns als Eisverkäufer und verdiene Geld für deine Wünsche. Kontakt: Hr. Langer 78123464	E BURLO	3 Monate Praktikum im Zeitschriften-Verlag. Du darfst richtig mitarbeiten. Keine Bezahlung. Bewerbungen unter info@burlo-medien.de
C kein Foto	Ich bin nicht mehr gut zu Fuß, aber mein Hund muss jeden Tag spazieren gehen. Wer kann helfen? Mo–Fr 15–16 Uhr, 3 Euro/Tag. Tel. 2881549	F ☺	Unser Sohn braucht Hilfe in Englisch (6. Klasse). Wer kann helfen? Jeden Tag von 16–17 Uhr. Bitte per E-Mail melden: sylviapeter@mail.de

10 Girls' Day

Arbeitet zu zweit. Ihr wollt zusammen zu einer Firma, um nach einem Praktikumstag zu fragen. Findet einen Termin.

Mittwoch, 21. März
- 8:00
- 9:00 Lange schlafen
- 10:00 Frühstück bei Oma und Opa
- 11:00
- 12:00 Lieblingsserie gucken
- 13:00
- 14:00
- 15:00 Basketball-Training
- 16:00

Mittwoch, 21. März
- 8:00
- 9:00 für die Schule lernen
- 10:00
- 11:00 mit Hannes ins Schwimmbad
- 12:00
- 13:00
- 14:00 Essen bei Tante Uschi
- 15:00
- 16:00 Oma besuchen

11 Satzmelodie

a Hör die Sätze und notiere: Geht die Satzmelodie am Satzende nach oben ↑, nach unten ↓ oder bleibt sie gleich —?

1. ↓ 2. ___ 3. ___ 4. ___ 5. ___ 6. ___ 7. ___ 8. ___

b Hör das Gespräch und markiere in den Zeilen die Satzmelodie mit ↑, ↓, —.

● Hallo Paul, wie war's? ___ (1) ○ Es war echt toll … ___ (2) ● Du klingst so komisch. Stimmt das wirklich? ___ (3) ○ Ach, ohne euch ist alles doof! ___ (4) ● Na, jetzt bist du ja wieder da. ___ (5)

98 achtundneunzig

Wörter – Wörter – Wörter

12 Berufe raten

a Erkennst du die Berufe? Ergänze.

1. Elek_tri_ker 2. Jo__na__st 3. Ar__te__tin 4. K__ank__schwe__er 5. Aut__m__chan__er

b Welcher Beruf passt? Ergänze die Lücken.

1. Ein _Banker_ _____ hat täglich mit viel Geld zu tun.
2. Ein _____ plant und baut Häuser.
3. Eine _____ arbeitet in der Schule und unterrichtet dort.
4. Eine _____ kann man im Theater oder in Filmen sehen.
5. Ein _____ hat Medizin studiert. Er arbeitet im Krankenhaus oder in einer Praxis.

13 In der Arbeit

Was es in einem Büro alles gibt! Findest du alle Antworten?

Er ist die wichtigste Person im Büro.

Sie arbeitet im selben Büro und man kann sich helfen.

Zu dieser Zeit isst man in der Kantine.

Mehrere Kollegen treffen sich und sprechen zusammen.

Mit diesem Gerät kann man Texte drucken.

Jeder hat es, nicht nur im Büro. Es hat einen Hörer und eine Tastatur.

Wir brauchen sie alle, zum Beispiel zum Kaffeetrinken.

Damit kann man Kopien machen.

Das Lösungswort heißt: _____

14 Buchstabenchaos!

In jedem Satz sind in zwei Wörtern die Buchstaben durcheinander. In welchen? Unterstreiche sie und schreibe den Satz richtig.

1. Ich <u>laufenze</u> am <u>Chewonnede</u> zu Hause.   _Ich faulenze ..._ _____
2. Wir seesn mittwochs in der Leusch. _____
3. Ihr spielt von ried bis fünf auf dem Schofhul. _____
4. Stergen hat sie vor dem Essabdene bei Freunden gespielt. _____
5. Wir haben gevorstern auf dem Schulhof beigeartet. _____
6. Er hat am Wochenende bei Freenund gefeschlan. _____

15 Meine Wörter

Welche Wörter, Ausdrücke oder Sätze sind für dich wichtig? Schreib auf.

_____

neunundneunzig 99

16 Finale

1 Wiederholungsspiel

Mach die Aufgaben auf den Feldern. Für jede richtige Lösung bekommst du einen Punkt. Zähl am Ende deine Punkte und lies die Auswertung.

START

1. Ergänze die richtige Form von *haben* und *sein*.

Er _____ durch den Wald gejoggt.

Ihr _____ mich nicht angerufen.

Ich _____ spät ins Bett gegangen. /3

2. Ergänze die Verben im Perfekt: *mitbringen*, *telefonieren*, *sprechen*.

Wir _____ Kuchen _____.

Er _____ den ganzen Abend _____.

Ihr _____ heute viel Deutsch _____. /3

7. Ergänze die Fragen.

_____ Buch liest du? – „Rubinrot".

_____ Sport macht ihr gern? – Parkour.

_____ Jacke gefällt dir? – Die blaue. /3

6. Ergänze die richtige Form von *der*, *die*, *das*.

● Wollen wir nach ____ Schule Computer spielen?

○ Geht nicht. Ich muss nach ____ Essen zum Zahnarzt. /3

8. Ergänze die richtige Form von *mein*, *dein*, …

● Hast du m_____ Radiergummi weggenommen?

○ Ja, ich habe ihn in d_____ Tasche getan.

● Und wo ist Annas Brille?

○ Sie hat i_____ Brille auf der Nase. /3

13. Wo ist die Brille, wo ist Plato? Schreib Sätze.

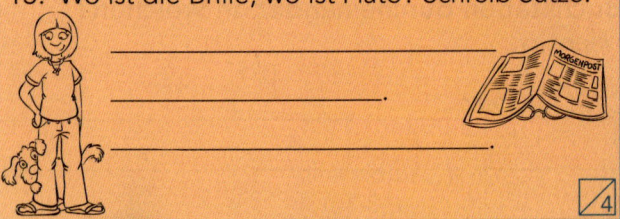

_____

_____.

_____. /4

12. Ergänze die Dativformen.

Kannst du _____ (ich) dein Fahrrad leihen?

Frau Müller gibt _____ (wir) sicher keine Hausaufgaben.

Ich bringe _____ (du) eine Cola mit. /3

14. Ergänze *sondern*, *deshalb*, *trotzdem*.

Ich liebe Angeln. _____ gehe ich heute zum See.

Sie hat nicht gelernt. _____ weiß sie alles.

Er geht heute nicht zum Training, _____ feiert seinen Geburtstag. /3

15. Frag indirekt.

Wo ist mein Deutschbuch?

Weißt du, wo _____

_____

Warum kommt Maria nicht?

_____

_____ /4

100 hundert

Du hast 48–53 Punkte: Fantastisch! Du bist Logisch!-König/Königin und darfst dich jetzt ausruhen.
Du hast 35–47 Punkte: Gut gemacht! Du hast viel gelernt. Mach eine Pause.
Du hast 25–34 Punkte: Du hast noch Schwierigkeiten. Wiederhole Übungen im Kurs- und Arbeitsbuch.
Du hast 0–24 Punkte: Du musst viel üben und wiederholen. Sprich mit deinem Lehrer / deiner Lehrerin.

3. Ergänze die richtige Form von *schnell*.

Boris kann _____ schwimmen als Leon.

Carsten kann genauso _____ schwimmen wie Leon. Aber Luis schwimmt am _____. /3

4. Ergänze die Endungen.

● Der schwarz___ Mantel gefällt mir sehr gut.

○ Echt? Ich finde die grau___ Jacke viel besser.

● Aber du wolltest doch ein schwarz___ Hemd kaufen. /3

5. Ergänze in der richtigen Form: *sich ärgern, sich langweilen, sich kämmen*

Nadja _____ _____ die Haare.

Ihr _____ _____, weil ihr eine Fünf geschrieben habt.

Ich _____ _____, weil niemand Zeit für mich hat. /3

9. Ergänze *wenn*, *weil*, *dass*.

Ich bin im Krankenhaus, _____ ich einen Unfall hatte.

Der Arzt hat gesagt, _____ der Arm gebrochen ist.

Ich soll eine Tablette nehmen, _____ ich Schmerzen habe. /3

10. Ergänze die Endungen.

Mit ein___ spannend___ Buch ist es nie langweilig.

Mit ein___ warm___ Jacke kann man im Winter lange draußen bleiben.

Mit gut___ Freunden kann man viel Spaß haben. /5

11. Ergänze die richtige Form von *hätte*, *würde*, *könnte*.

Wie bitte? _____ du etwas lauter sprechen?

Du bist krank? Also, ich _____ im Bett bleiben und Tee trinken.

Es ist so heiß! Ich _____ gern ein Eis. /3

16. *Denn* oder *also*?

Du bist krank, _____ bleibst du zu Hause im Bett.

Anne will Tierärztin werden, _____ sie liebt Tiere. /2

17. Ergänze *müssen*, *dürfen*, *wollen* im Präteritum.

● Wir _____ gestern ins Kino gehen.

○ Ich auch, aber ich _____ nicht. Ich _____ wieder meiner Mutter im Garten helfen. /3

ZIEL

hunderteins 101

2 Ein Schuljahr in D-A-CH

a Erinnerst du dich? Wer ist das? Verbinde.

Manuel Neuer

Angelique Kerber

Lara Gut

Cro

Diane Kruger

A ... hat als Model gearbeitet.
B ... spielt gut Fußball und Tennis.
C ... war 2016 extrem erfolgreich.
D ... ist seit 2012 als Musiker bekannt.
E ... ist eine junge Schweizer Skifahrerin.
F ... hat schon mit 3 Jahren mit Sport angefangen.
G ... kennt man nur mit einer Maske.
H ... ist eine bekannte deutsche Schauspielerin.
I ... unterstützt in seiner Freizeit Kinder.
J ... ist eine deutsch-polnische Sportlerin.

b Markiere die richtigen Antworten.

1. An diesem Tag können Mädchen untypische Berufe für Frauen kennenlernen.
   - [ ] Technik Day
   - [ ] Girls'Day
   - [ ] Traumberuf Day

2. An welchem Fluss liegt die Loreley?
   - [ ] An der Donau
   - [ ] An der Elbe
   - [ ] Am Rhein

3. In welchem See gibt es die höchste Wasserfontäne in Europa?
   - [ ] Im Genfersee
   - [ ] Im Wannsee
   - [ ] Im Bodensee

4. In welchem Dialekt sagt man „Griaß di!" und „Pfiat di!"?
   - [ ] St. Galler Dialekt
   - [ ] Sächsisch
   - [ ] Tirolerisch

5. Welche Stadt in D-A-CH hat über 3 Millionen Einwohner?
   - [ ] Wien
   - [ ] Berlin
   - [ ] Hamburg

6. „Drachenschwanz" ist der Name für ...
   - [ ] eine Märchenfigur im Rhein
   - [ ] Europas längste Holzbrücke
   - [ ] das Maskottchen vom 1. FC Köln

102 hundertzwei

c Das D-A-CH-Städte-Quiz. Ergänze die richtige Stadt. Wie heißt das Lösungswort?

1. I N N S B R U C K   ö = oe, ü = ue
2.
3.
4.
5.   G
6.
7.
8.
9.

1. Das Wahrzeichen dieser Stadt ist ein 500 Jahre altes goldenes Dach.
2. Der Fußballverein dieser Stadt hat ein lebendiges Maskottchen. Es heißt Hennes.
3. Die Stadt hat den ältesten Zoo der Welt und ist die Hauptstadt von Österreich.
4. In dieser Stadt am Bodensee gibt es einen tollen Aussichtsturm und ein Schloss.
5. Die Stadt liegt in der Schweiz und in ihrer Bibliothek gibt es über 1000 Jahre alte Texte.
6. In dieser Stadt in Bayern ist das berühmte Deutsche Museum.
7. Die längste Brücke von Deutschland verbindet diese Stadt mit der Ostseeinsel Rügen.
8. Die Stadt ist berühmt für ihren Christstollen.
9. Diese Stadt hat 41 Jahre lang zu zwei Ländern gehört, zur BRD und zur DDR.

Lösungswort: Das können fast alle jungen Leute in Österreich: _____

d Sehenswürdigkeiten in D-A-CH. Ordne die Städte und Sehenswürdigkeiten zu.

1. Fernsehturm mit Weltzeituhr
   in Berlin

2. _____ 
   in _____

3. _____ 
   in _____

4. _____ 
   in _____

5. _____ 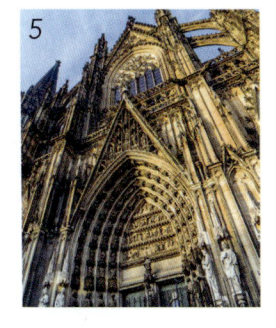
   in _____

St. Gallen • ~~Berlin~~ • Köln • Hafen • Werfen bei Salzburg • ~~Fernsehturm mit Weltzeituhr~~
Dom • Lindau • Notrufzentrale • Eisriesenwelt

16

3 Unsere Klassenzeitung

a Was sagt man in diesen Situationen? Ergänze die Sprechblasen.

1. *Hast du schon gehört? Lilli hat jetzt einen Freund. Er ist schon 21 Jahre alt und spielt in der Nationalmannschaft Handball!*

   Echt? …

2. *… und danach musst du diese Seite nehmen und dann …*

3.

4.

b Lies die Gespräche und beantworte die Fragen.

1. ● Da bist du ja endlich! Der Film fängt gleich an.
   ○ Tut mir leid. Ich habe mein Geld gesucht, aber …
   ● Komm, wir gehen rein. Schnell!
   ○ Warte!

Wer spricht? _Ich glaube, das sind zwei Freunde._

Wo sind die Personen? _Wahrscheinlich …_

Was wollen sie machen? _____

Was ist das Problem? _____

2. ● Guck mal. Wie gefällt dir diese hier?
   ○ Gib mal her. Ja, die gefällt mir gut.
   ■ Kann ich euch helfen?
   ● Ja.

Wer spricht? _____

Wo sind die Personen? _____

Was haben sie gefunden? _____

Was wollen sie machen? _____

c Schreib die Gespräche aus 3b im Heft zu Ende.

104 hundertvier

d Welche Sprechblasen passen zusammen? Ordne zu.

1. Oh, der blöde Test! Ich habe nicht genug gelernt. Ich kann das nicht.

2. Schon wieder ein Ausflug in den Zoo. Das ist doch langweilig!

3. Ich habe Lenas Geburtstag vergessen. Jetzt ist sie sauer.

4. Wollen wir am Samstag in die Berge fahren?

A. Wieso? Ich finde das total spannend. Ich freue mich schon.

B. Klar! Das ist eine tolle Idee. Am besten fahren wir früh los.

C. Ach Quatsch! Du schaffst das schon! Keine Angst.

D. Also, ich würde sie zum Eis einladen.

e Lies die Dialogkarten. Welche passen zusammen? Such dir einen Partner / eine Partnerin. Wählt zu zweit ein Kartenpaar und schreibt einen Dialog. Spielt das Gespräch in der Klasse vor.

A
Du hast am Samstag Geburtstag. Du lädst deinen Partner / deine Partnerin zu deiner Party ein.
Gib folgende Infos zu deiner Party:
Wann? Wo?
Was macht ihr?
Soll er/sie etwas mitbringen?

B
Du möchtest am Wochenende etwas mit deinem Partner / deiner Partnerin machen. Frag, was er/sie machen möchte. Wann wollt ihr euch treffen?

C
Dein Partner / Deine Partnerin möchte am Wochenende etwas mit dir machen. Sag ihm/ihr, was du machen möchtest (z. B. schwimmen, ins Kino gehen, klettern gehen). Wo wollt ihr euch treffen?

D
Du hat ein neues Handy und erklärst deinem Partner / deiner Partnerin eine Funktion (z. B. eine Musik-App/Fotos runterladen, etc.). Benutze folgende Wörter: Zuerst ..., dann ..., danach ..., anschließend ..., zum Schluss ...

E
Dein Freund / Deine Freundin hat Geburtstag und lädt dich zur Party am Samstag ein. Bedanke dich für die Einladung. Sag, dass du kommst. Du weißt nicht, wo er/sie wohnt. Und du möchtest wissen, was er/sie sich wünscht.

F
Dein Partner / Deine Partnerin hat ein neues Handy. Er/Sie erklärt dir, wie alles geht. Du verstehst nicht alles und er/sie spricht zu schnell.

Karte A und E:
● Hallo Tom! Ich habe am Samstag Geburtstag und möchte dich einladen.
○ Oh danke! Ich komme gern. Sagst du mir, wo du wohnst? ...

D Training

1 Sprechtraining: Eine kurze Präsentation halten

a Arbeite in der Gruppe. Sammelt zusammen Themen für eine Präsentation.

> Mein Traumberuf   Mein Lieblingssportler   Mein Hobby   ...

b Über welches Thema möchtest du sprechen? Such dir eins aus und notiere. Welche Fragen sind für dein Thema wichtig? Schreib sie auf. Ein Partner / Eine Partnerin kann helfen.

Mein Traumberuf: Tierärztin
Was macht eine Tierärztin / ein Tierarzt?
Wie wird man Tierärztin / Tierarzt?
Warum will ich Tierärztin werden?

Mein Thema: _____
1. _____ ?
2. _____ ?
3. _____ ?
4. _____ ?

c Recherchiere und beantworte deine Fragen aus 1b.

Was macht eine Tierärztin? Eine Tierärztin / Ein Tierarzt untersucht kranke Tiere und ...

d Mach Notizen und übe die Präsentation. Die Sätze helfen. Suche auch Bilder und zeige sie bei der Präsentation.

> Heute möchte ich über ... sprechen. / Mein Thema ist heute ... • Meine Fragen sind: ... / Ich spreche heute über die drei Fragen: ... • Zur ersten/zweiten/letzten Frage: ... • Vielen Dank fürs Zuhören. • Habt ihr Fragen?

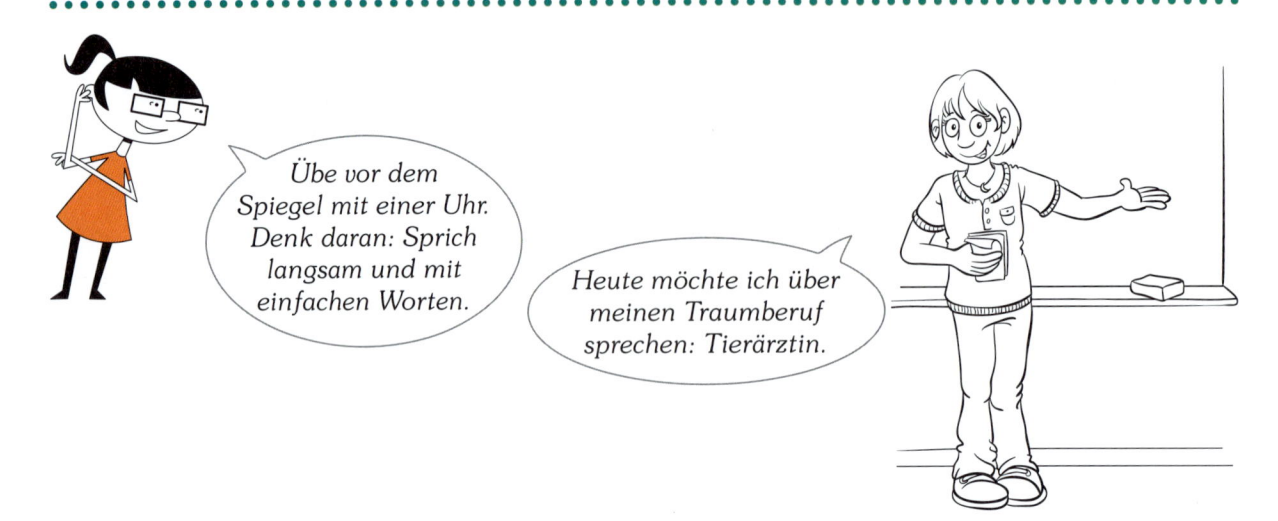

Übe vor dem Spiegel mit einer Uhr. Denk daran: Sprich langsam und mit einfachen Worten.

Heute möchte ich über meinen Traumberuf sprechen: Tierärztin.

e Halte die Präsentation im Unterricht. Erkläre vorher 3 bis 5 wichtige neue Wörter. Du sollst circa drei Minuten sprechen. Die anderen geben Feedback.

Training D

2 Sprechtraining: Nach der Präsentation ein Feedback geben

a Was kann bei einer Präsentation gut und was nicht so gut sein? Ergänze die Sätze.

Das war gut:

> ~~Bilder~~ • wenige • Thema • verstanden • das Blatt

Deine _Bilder_ sind gut.

Du hast nicht auf _____ gesehen. Du hast uns angesehen. Super.

Du hast nur _____ Fehler gemacht.

Ich fand das _____ sehr interessant.

Ich habe alles _____. Das war gut.

Das war nicht so gut:

> dein Blatt • zu schnell • nicht so gut • neue Wörter • lauter

Das war zu leise. Du musst ein bisschen _____ sprechen.

Du hast ein bisschen _____ gesprochen. Sprich bitte langsamer.

Du hast viel auf _____ gesehen. Ich habe deshalb nicht alles verstanden.

Das Thema hat mir _____ gefallen.

Du hast viele _____ benutzt. Das war schwer für mich.

b Was hat dir gefallen bei der Präsentation in 1e? Was nicht? Schreib ins Heft.

c Gib Feedback nach Doras Feedback-Regel.

> *Meine Feedback-Regel:*
> *Gib zu drei Punkten Feedback:*
> *1. Was war gut?*
> *2. Was kann man besser machen?*
> *3. Was war noch gut?*

3 Sprachmittlung: Eine Präsentation zusammenfassen

▶ 2.22

a Du hörst eine Präsentation über Parkour. Was sind die fünf bis sechs wichtigsten Informationen? Markiere.

> <mark>neue Wege suchen</mark> • laufen, klettern und springen • Leopoldpark • Sportfest • Regen • Frankreich • Raymond Belle und sein Sohn David Belle • 1980er • keine Regeln und keine Wettkämpfe • Verletzung

b Ein Freund oder eine Freundin aus deiner Klasse konnte bei der Präsentation nicht dabei sein. Berichte ihm/ihr in eurer Sprache über die Präsentation: Was hast du gehört? Sag kurz etwas zu jeder markierten Information aus 3a. Dein Freund / deine Freundin kann auch Fragen stellen.

hundertsieben 107

Kapitelwortschatz Kursbuch

Kapitel 1   Seite 8

segeln _____
das Camping (Sg.) _____
grillen _____
surfen _____

Seite 9

angeln _____
   (Ich habe einen Fisch geangelt.)
1 Meter 50 (1,50 m) _____
der Wolf, Wölfe _____
retten _____
Hawaii _____
joggen _____

Seite 10

die Hilfe, -n _____
weinen _____
was für ein, was für eine _____
   (Was für ein Schreck!)
der Schreck (Sg.) _____
verletzt _____
   (Der Wolf war verletzt.)
die Falle, -n _____
schwach, schwächer, _____
   am schwächsten
holen _____
die Polizei (Sg.) _____
die Feuerwehr, -en _____
die Tierklinik, -en _____
der Wildpark, -s _____
dort|bleiben _____
dortgeblieben → dortbleiben _____
   (Wir sind bis spät dortgeblieben.)
nächster, nächste _____

der Norden (Sg.) _____
der Süden (Sg.) _____
der Westen (Sg.) _____
der Osten (Sg.) _____

Seite 11

die Pyramide, -n _____
bauen (Sie bauen eine Pyramide.) _____
die Ordnung (Sg.) _____
der Feriengruß, Feriengrüße _____
der Brief, -e _____
der Absender, - _____
der Briefumschlag, _____
   Briefumschläge
die Postleitzahl, -en _____
das Zirkuscamp, -s _____
regnen _____
schicken _____
die Akrobatik (Sg.) _____
das Souvenir, -s _____
die Clownsnase, -n _____
extra _____
so (Das ist so schön!) _____

Seite 12

wahrscheinlich _____
die Burg, -en _____
schwer _____
würfeln _____

Kapitel 2   Seite 14

der Schultag, -e _____
   (Gestern war ihr erster Schultag.)
der Nintendo, -s _____
   (Jannik hat Nintendo gespielt.)

108   hundertacht

Kapitelwortschatz Kursbuch

Seite 15

die Schultüte, -n _____
nerven *(Das hat total genervt!)* _____
die Klamotten (Pl.) _____
die Geschichte, -n _____
(Der Opa erzählt eine Geschichte.)
reden _____

Seite 16

die Projekttag, -e _____
das Programm, -e _____
(Ich nehme am Programm teil.)
der Beginn (Sg.) _____
teil|nehmen _____
teilgenommen → teilnehmen
das Zeugnis, -se _____
die Radtour, -en _____
der Radstar, -s _____
der Profi, -s _____
sicher _____
   (sicher fahren auf der Straße)
die Pause, -n _____
verschieden _____
   (viele verschiedene Tiere)
finden _____
gefunden → finden
   (Sie hat einen Wolf gefunden.)
das Instrument, -e _____
die Figur, -en _____
der Stein, -e _____
der Ausflug, Ausflüge _____
der Fluss, Flüsse _____
das Sportprogramm, -e _____
klasse *(eine klasse Idee)* _____

besonders _____
   (Das gefällt mir besonders gut.)
das Produkt, -e _____
die Umfrage, -n _____
die Arbeit, -en _____
am besten _____

Seite 17

die Projektgruppe, -n _____
berichten _____
berichtet → berichten
die Bäckerei, -en _____
die Sorte, -n _____
das Schwarzbrot, -e _____
das Weißbrot, -e _____
die Brezel _____
backen _____
einfach _____
werfen _____
geworfen → werfen
die Note, -n _____

Seite 18

deutlich _____
ja *(Das ist ja ein Chaos!)* _____
das Chaos (Sg.) _____
jemand _____
der Schlüssel, - _____
der Ohrring, -e _____
der Farbstift, -e _____
verlieren _____
verloren → verlieren
   (Ich habe meinen Schlüssel verloren.)

hundertneun 109

Kapitelwortschatz Kursbuch

Kapitel 3   Seite 20

der **Streit**, -s _____

besorgt _____

der **Ärger** (Sg.) _____

das **Diktat**, -e _____

deprimiert _____

streiten (sich) _____

gestritten → streiten _____

schwierig ↔ einfach _____

das **Smartphone** _____

Seite 21

leiden können _____

   (Ich kann ihn nicht leiden.)

egoistisch _____

egal _____

dagegen _____

tun _____

getan → tun _____

über _____

   (Sprich mit Pia über das Problem.)

der Mädchentag, -e _____

kennen|lernen _____

kennengelernt → kennenlernen _____

zufällig _____

der Ratschlag, Ratschläge _____

Seite 22

versprechen _____

versprochen → versprechen _____

plötzlich _____

weg|laufen _____

untrennbar ↔ trennbar _____

verabreden (sich) _____

verabredet → verabreden _____

an|sprechen _____

angesprochen → ansprechen _____

Seite 23

der Jungentag, -e _____

das Straßenfest, -e _____

der **Flohmarkt**, Flohmärkte _____

das **Quiz** (Sg.) _____

ab (+ Dativ) _____

der Krieg, -e _____

der Planet, -en _____

das Aquarium, Aquarien _____

füttern _____

kostenlos _____

täglich _____

geöffnet _____

präsentieren _____

vor|schlagen _____

schwitzen _____

das **Basketball** (Sg.) _____

wenn _____

das **Geld** (Sg.) _____

verabredet sein _____

   (Ich bin schon verabredet.)

Seite 24

unterwegs _____

die Reaktion, -en _____

die Bühne, -n _____

vorbei _____

   (Das Fest ist schon vorbei!)

dringend _____

   (Ich muss dringend auf Toilette.)

110   hundertzehn

Kapitelwortschatz Kursbuch

Kapitel 4 — Seite 26

die **Straßenbahn**, -en
der **Platten**, -
  (Das Fahrrad hat einen Platten.)
der **Unfall**, Unfälle
kaputt
der **Busfahrer**, -
die **Bauchschmerzen** (Pl.)
der **Fahrplan**, Fahrpläne
weit

Seite 27

der **Wecker**, -
klingeln
die **Ausrede**, -n
die **Wirklichkeit** (Sg.)
baden
zuletzt
die **Grillwurst**, Grillwürste
der **Nachbarhund**, -e
die **Mitternacht** (Sg.)
wach
verbieten
verboten → verbieten
  (Die Eltern haben es verboten.)

Seite 28

das **Passwort**, Passwörter
anschließend
ein|geben
eingegeben → eingeben
öffnen
das **Mailprogramm**, -e
die **Mailbox**, -en
die **Nachricht**, -en
beantworten
beantwortet → beantworten
der **Posteingang**, Posteingänge
klicken
senden

Seite 29

das **Programm**, -e
an|klicken
angeklickt → anklicken
ab|schicken
die **Webseite**, -n
tippen
die **Box**, -en
an|schalten
aus|wählen
der **Browser**, -
die **Erklärung**, -en
das **Thema**, Themen

Seite 30

besonder-
  (Heute war ein besonderer Tag.)
schneien
fröhlich ↔ **traurig**
monoton ↔ **spannend**
rockig
ruhig
fühlen (sich)
die **Sorge**, -n
schweigen
geschwiegen → schweigen
los|lassen
die **Welt** (Sg.)
das **Bandmitglied**, -er

hundertelf 111

Kapitelwortschatz Kursbuch

Kapitel 5   Seite 38

der **Ski**, -
(Im Winter fahren wir Ski.)
das **K**a**nufahren** (Sg.)
das K**a**nu, -s
der F**u**ßballfan, -s
der Sp**o**rtfan, -s
die **Ei**genschaft, -en
f**ai**r

Seite 39

der Komment**a**r, -e
gegen
die Slowak**ei**
sch**ie**ßen
gesch**o**ssen → sch**ie**ßen
das T**o**r, -e
(Ich habe ein Tor geschossen.)
weil
das G**ä**stebuch, Gästebücher
der R**ie**senfan, -s
das G**o**ld (Sg.)
Ol**y**mpia
das R**e**nnen, -
der Sk**i**club, -s
das Autogr**a**mm, -e
s**o** (Mach weiter so!)
der **Au**tor, -en
die Aut**o**rin, -nen
sch**a**ffen
gesch**a**fft → sch**a**ffen
der Tr**ai**ner, -
die Tr**ai**nerin, -nen
ziemlich
der **A**ngeber, -
die **A**ngeberin, -nen

das **I**nterview, -s
verd**ie**nen
verd**ie**nt → verd**ie**nen
der W**e**ttkampf, W**e**ttkämpfe
arrog**a**nt
bek**a**nnt
berühmt
witzig
beliebt

Seite 40

t**u**rnen
der Ver**ei**n, -e
anstrengend
   (Das Training war anstrengend.)
p**ei**nlich
tr**e**ffen (Kolja trifft oft das Tor.)
getr**o**ffen → tr**e**ffen
das Tr**ai**ning, -s
als
   (Das Training macht mehr Spaß als Sportunterricht.)
der Sch**u**lsport (Sg.)
spannend
das Sk**a**teboardfahren (Sg.)
der Vergl**ei**ch, -e
reich
stark, stärker, am stärksten
dick ↔ d**ü**nn

Seite 41

das T**ea**m, -s
der Tr**e**ffpunkt, -e
verst**e**cken
verst**e**ckt → verst**e**cken
der P**a**ps (Sg.) (= Papa)
der Sp**ie**lbeginn (Sg.)

Kapitelwortschatz Kursbuch

melden (sich) _____
der Körper, - _____
die Seite, -n _____
der Tanz, Tänze _____
der Kopfball, Kopfbälle _____
das Pferd, -e _____

Seite 42
der Rekord, -e _____
der Segelfisch, -e _____
der Delfin, -e _____
der Gepard, -e _____
die Schildkröte, -n _____
springen _____
hoch, höher, am höchsten _____
aktiv _____
fit _____
faul _____
rechnen _____
schauen _____
   (Warum schaust du so dumm?)

Kapitel 6   Seite 44
der Anzug, Anzüge _____
der Badeanzug, Badeanzüge _____
der Bikini, -s _____
der Rock, Röcke _____
   (Nadja trägt einen Rock.)
der Strumpf, Strümpfe _____
die Strumpfhose, -n _____
die Socke, -n _____
lila (lila Ohrringe) _____
orange _____
rosa _____
der Hörtext, -e _____
vorne _____

die Mitte (Sg.) _____
hinten _____

Seite 45
stehen (Die Hose steht mir.) _____
bestimmt _____
   (Das steht dir bestimmt gut.)
an|probieren _____
eigentlich _____
gehören (Diese Jacke gehört mir.) _____
das Hemd, -en _____
das Kleidungsstück, -e _____
mischen _____
legen _____
verdeckt _____
auf|decken _____
bilden _____
behalten _____
um|drehen _____
der/die Nächste, -n _____

Seite 46
shoppen _____
die Mütze, -n _____
die Kapuzenjacke, -n _____
die Sporthose, -n _____
der Stiefel, - _____
das Top, -s _____
der Turnschuh, -e _____
vorher _____
das Sportfest, -e _____
das Familienfest, -e _____
passend _____
uncool _____
der Partnerlook (Sg.) _____

hundertdreizehn   113

Kapitelwortschatz Kursbuch

Seite 47

eng
die Größe, -n
die Kabine, -n
die Umkleidekabine, -n
die Verkäuferin, -nen
der Pulli, -s
Indien
die Mode (Sg.)
durchschnittlich
die Kinderarbeit (Sg.)
verboten
   (Kinderarbeit ist verboten.)
maximal
ca. (= circa)
unter
   (Kinder unter 14 Jahren arbeiten in Indien.)
der Kontakt, -e
so
   (So können wir hier billige Sachen kaufen.)
babysitten

Seite 48

freuen (sich)
verkaufen
der Verkäufer, -
Modenschau, -en
die Hundeshow, -s
die Pfütze, -n
schockiert
fangen
der Regenschirm, -e
schmutzig
der Wettbewerb, -e

Kapitel 7   Seite 50

die Freundschaft, -en
trösten
interessieren
die Chance, -n
Kleiner (Kleiner, hast du Angst?)

Seite 51

der Lauf, Läufe
los|laufen
begeistert
die Kurve, -n
die Absperrung, -en
der Typ, -en
sensibel
optimistisch ↔ pessimistisch
schüchtern
schrecklich

Seite 52

der Täter, -
ärgern (sich)
der Idiot, -en
der Lateintest, -s
ab|schreiben
verlieren
   (Miriam verliert beim Computerspielen.)

Seite 53

nachher
die Viertelstunde, -n
versuchen

Seite 54

der Entschuldigungsbrief, -e
die Garage, -n
superblöd

Kapitelwortschatz Kursbuch

wieder|gut|machen _____
  (Ich mache den Fehler wieder gut.)
vermeiden _____
trotzdem _____
riesig _____
böse _____
verzeihen _____

Kapitel 8   Seite 56
planen _____
das Sommerfest, -e _____
reservieren _____
bestellen _____
der Termin, -e _____
klären _____
die Tischdekoration, -en _____
der Cousin, -s _____
die Cousine, -n _____
die Liste, -n _____
das Datum, Daten *16. Mai 2019* _____

Seite 57
sollen _____
das Gasthaus, Gasthäuser _____
das Geburtstagsfest, -e _____
kaum _____
geboren _____
  (Wann bist du geboren?)
bestimmt *(Ich komme bestimmt.)* _____
der Link, -s _____

Seite 58
nervig _____
komisch _____
vor|bereiten _____
langweilen (sich) _____
bedanken (sich) _____

mit|feiern _____
kämmen (sich) _____
schön|machen (sich) _____
die Uroma, -s _____
der Uropa, s _____
föhnen (sich) _____
schminken (sich) _____

Seite 59
morgens _____
abends _____
der Sohn, Söhne _____
der Enkel, - _____
die Enkelin, -nen _____

Seite 60
der Braten, - _____
die Soße, -n _____
die Nudel, -n _____
der Pfeffer *(Sg.)* _____
das Müsli, -s _____
der Quark *(Sg.)* _____
der/das Joghurt, -s _____
das Hähnchen, - _____
der Reis *(Sg.)* _____
die Bratwurst, Bratwürste _____
die Limonade, -n _____
die Nachspeise, -n _____
das Wurstbrot, -e _____
vormittags _____
mittags _____
nachmittags _____
zwischendurch _____
die Speisekarte, -n _____
die Begrüßung, -en _____
die Sahne *(Sg.)* _____

Kapitelwortschatz Kursbuch

Kapitel 9 Seite 68

die Konzertkarte, -n
der Lautsprecher, -
das Gummibärchen, -
der Schokoriegel, -
der Nagellack, -e
der Kopfhörer, -
i-Tunes-Karte, -n
die Kinokarte, -n
die Handykarte, -n
das Haargummi, -s
die Süßigkeit, -en
   (Ich esse gern Süßigkeiten.)
das Fast Food (Sg.)
aus|gehen
   (Benno geht gern mit Freunden aus.)
die Kosmetik, Kosmetika
wofür
aus|geben
der/die Jugendliche, -n
der Prospekt, -e
auf|bessern
sparen
auf|bewahren
   (Ich habe das Foto im Schrank aufbewahrt.)

Seite 69

der Laden, Läden
damit (Was machst du damit?)
das Popcorn (Sg.)
lassen
   (Ich lasse den Hund zu Hause.)
der Teil, -e
der Rest, -e
das Konto, Konten
das Sparkonto, Sparkonten
nachdem

heiraten
   (Ich werde ihn später heiraten.)
die Bank , -en
die Hauptsache (Sg.)
Nö! (ugs.)
der Sparer, -
praktisch
der Pleitegeier, -
pleite
der Geier, -
praktisch
dass
das Geldausgeben (Sg.)
selten (Ich gehe selten aus.)
das Ergebnis, -se
überhaupt (überhaupt nicht)
der Psychotest, -s

Seite 70

der Gegenstand, Gegenstände
das Trikot, -s
das Fußball-Trikot, -s
schlimm (Das ist nicht schlimm.)
dieser, diese

Seite 71

der Pinsel, -
der Gummistiefel, -
aus|sehen
trocken
der Topf, Töpfe
der Flaschenöffner, -
der Füller, -
der Taschenrechner, -
das Sofa, -s
die Mikrowelle, -n
die Tastatur, -en

Kapitelwortschatz Kursbuch

die **Fl**ö**te**, -n

das Tabl**e**tt, -s

das M**o**ped, -s

das M**e**sser, -

die Br**ie**fmarke, -n

der/die/das D**i**ngsda (Sg., ugs.)

der R**a**sen, -

r**a**sen

die R**a**tte, -n

r**a**sch

Seite 72

der Flip-Flop, -s

das K**u**scheltier, -e

das H**a**lsband, H**a**lsbänder

das Gl**ö**ckchen, -

ein|schlafen

die K**e**tte, -n

l**e**tzter, l**e**tzte

er**i**nnern (sich)

Kapitel 10   Seite 74

die S**o**nnenbrille, -n

der Balk**o**n, -e

st**e**llen

(Er stellt die Schuhe auf den Balkon.)

h**ä**ngen

(Er hat das Poster an die Wand gehängt.)

unter

(unter den Tisch stellen / unter dem Tisch stehen)

n**e**ben

(neben den Stuhl legen / dem Stuhl liegen)

über

(über das Sofa hängen / dem Sofa hängen)

h**i**nter

(hinter die Tür stellen / der Tür stehen)

die Z**a**hnspange, -n

der T**e**nnisschläger, -

die H**ei**zung, -en

die D**o**se, -n

der Sch**a**l, -s

Seite 75

durchein**a**nder

die **U**nordnung (Sg.)

Seite 76

P**o**rtugal

auf|bleiben

n**a**h, n**ä**her, am n**ä**chsten

die M**ö**bel (Pl.)

die D**e**cke, -n

(Die Decke liegt auf dem Bett.)

der Schr**ei**btisch, -e

der T**e**ppich, -e

der B**o**den, B**ö**den

h**e**ll

h**e**llblau

die W**a**nd, W**ä**nde

h**ä**ngen

(Das Poster hat an der Wand gehangen.)

die D**e**cke, -n

(Die Lampe hängt an der Decke.)

um|räumen

aus|packen

Seite 77

der W**u**nsch, W**ü**nsche

die Tr**e**ppe, -n

der Kl**ei**derschrank, Kl**ei**derschränke

die Pfl**a**nze, -n

hundertsiebzehn   117

Kapitelwortschatz Kursbuch

Seite 78

das Schlüsselkind, -er
die E-Gitarre, -n
erlauben
geschieden
der Vorteil, -e ↔ der Nachteil, -e

Kapitel 11   Seite 80

die Szene, -n
das Zentrum, Zentren
die Kirche, -n
das Rathaus, Rathäuser
der Zoo, -s
das Schloss, Schlösser
die Fußgängerzone, -n
der Fernsehturm, Fernsehtürme
rauchen
fotografieren
parken
der Zettel, -

Seite 81

die Hauptstadt, Hauptstädte
über
   (Berlin hat über 3 Millionen Einwohner.)
der Einwohner, -
existieren
die BRD –
   Bundesrepublik Deutschland (Sg.)
die DDR –
   Deutsche Demokratische Republik (Sg.)
bieten
die Brücke, -n
die Sehenswürdigkeit, -en
der Club, -s
elegant

cool
der Besucher, -
allein
   (Allein aus Europa kommen viele Touristen nach Berlin.)
circa
zusammen|leben
die Kultur, -en
bunt
die Metropole, -n
hässlich
fern
scheußlich
der Tourist, -en
die Touristin, -nen
liegen
   (Berlin liegt in Deutschland.)

Seite 82

die Langeweile (Sg.)
die Bücherei, -en
die Kletterhalle, -n
sonntags
aus|füllen
das Formular, -e
der Ort, -e
die E-Mail-Adresse, -n
das Geburtsdatum (Sg.)
der Nachname, -n
benutzen
akzeptieren
die Unterschrift, -en
unterschreiben
aus|weisen (sich)
ausgewiesen → ausweisen
der Reisepass, Reisepässe
der Personalausweis, -e
der Führerschein, -e

118   hundertachtzehn

Kapitelwortschatz Kursbuch

Seite 83

die Regel, -n
der Anfänger, -
klettern
der Mitgliedsausweis, -e
aktuell
die Halle, -n
sauber
betreten
erfahren
  (Der Trainer ist erfahren.)
der Fitnessclub, -s
gültig
der Ausweis, -e
das Handtuch, Handtücher
der Unterschied, -e
arm, ärmer, am ärmsten
der Wein, -e

Seite 84

fleißig
das Jugendzentrum, Jugendzentren
die Autobahn, -en
offen
die Zaubershow, -s
das Open-Air-Kino, -s
denn
  (Robbie arbeitet, denn er braucht Geld.)
verteilen
die Werbung, -en
die Rundfahrt, -en
der Auftritt, -e
der Stadtplan, Stadtpläne
jonglieren
die Ampel, -n

Kapitel 12   Seite 86

die Natur (Sg.)
hinaus
die Trompete, -n
die Karotte, -n
das Picknick, -s
faulenzen
das Mountainbike, -s
die Beere, -n
der Spaziergang, Spaziergänge
sonnen (sich)
die Wiese, -n
sondern
  (Herr König klettert nicht, sondern geht spazieren.)

Seite 87

der Stall, Ställe
der Sattel, Sättel
fallen
darum
der Reiterhof, Reiterhöfe
geschlossen
das Knie, -

Seite 88

das Feriencamp, -s
nirgends
das Gästehaus, Gästehäuser
die Umwelt (Sg.)
der Vogel, Vögel
beobachten
die Muschel, -n
rund (rund um die Insel)
die Dauer (Sg.)
schützen
das Gefühl, -e

hundertneunzehn   119

Kapitelwortschatz Kursbuch

die Höhle, -n
die Erde (Sg.)
entdecken
wunderschön
die Landschaft, -en
das Lagerfeuer, -
draußen
das Dorf, Dörfer
das Tischtennis (Sg.)
die Nähe (Sg.)
die Möglichkeit, -en
besichtigen
genauso

Seite 89

das Gewitter, -
scheinen
   (Die Sonne scheint.)
blitzen
donnern
der Wind, -e
die Wolke, -n
der Himmel (Sg.)
auf|stellen
zufrieden
genervt
ängstlich
herrlich
unheimlich
der Blödsinn (Sg.)
fürchten (sich)

Seite 90

das Riesengewitter, -
aufregend
wahnsinnig

krass (ugs.)
wild
fix
   (Nach dem Gewitter ist Nadja fix und fertig.)
nass
der Parkplatz, Parkplätze
k.o. (ugs.)
das Feuer, -
hell
erleben
erlebt → erleben
schließlich
sonnig
unfreundlich
unglücklich
das Interesse, -n
uninteressant
die Ruhe (Sg.)
unruhig

Kapitel 13   Seite 98

die Rastalocke, -n
die Frisur, -en
unnatürlich
der Fingernagel, Fingernägel
die Markenkleidung (Sg.)
der Mond, -e

Seite 99

der Doktor, -en (= Dr.)
der Rock (Sg.)
   (Ich höre gern Rock.)
der Reggae (Sg.)
der Reggae-Fan, -s
unerträglich
das Gesicht, -er
natürlich

120   hundertzwanzig

Kapitelwortschatz Kursbuch

die Markenklamotten (Pl.)
der Schmuck (Sg.)
das Gegenteil (Sg.)
   (im Gegenteil)
der Rat (Sg.)
der Psychologe, -n
der Ring, -e
wütend
an|haben
die Rockmusik (Sg.)
die Veränderung, -en
die Meinung, -en
schneiden
auf|haben
   (Nadja hat einen Hut auf.)

Seite 100

der/das Parkour (Sg.)
niemals
der Traceur, -e
stehen|bleiben
runter|laufen
das Geländer, -
der Trick, -s
der Sprung, Sprünge
verletzen (sich)
   (Raffael hat sich beim Parcour verletzt.)
vorsichtig
drinnen
interessieren (sich)
   (Wir interessieren uns für Sport.)
normalerweise
gefährlich
die Leidenschaft, -en
das Manga, -s
zeichnen

Seite 101

der Notruf, -e
der Rücken, -
untersuchen
untersucht → untersuchen
gebrochen
   (Die Hand ist gebrochen.)
die Operation, -en
der Mist (Sg.)
der Fleck, -en
   (der blaue Fleck)
der Verband, Verbände
bewegen
das Fieber (Sg.)
der Hausarzt, Hausärzte
die Chips (Pl.)
das Keks, -e
der Test, -s
die Sportsachen (Pl.)
aus|ruhen (sich)

Seite 102

das Rezept, -e
das Pflaster, -
die Salbe, -n
die Sprechstunde, -n
das Wartezimmer, -
die Versichertenkarte, -n
die Grippe (Sg.)
erkältet (ich bin erkältet)
das Medikament, -e
die Praxis, Praxen
das Pech (Sg.)
die Sportart, -en
die Verletzung, -en
die Schmerztablette, -n

hunderteinundzwanzig 121

Kapitelwortschatz Kursbuch

die Arztpraxis, -praxen _____

die **Entschuldigung**, en _____

   (Mama schreibt mir eine Entschuldigung für die Schule.)

die Krankheit, -en _____

Kapitel 14   Seite 104

elektronisch _____

der Plattenspieler, - _____

die Platte, -n _____

   (Kennst du die neue Platte von Robbies Band?)

der **Fernseher**, - _____

der MP3-Player, - _____

der Bildschirm, -e _____

der CD-Player, - _____

die Playstation, -s _____

das Tablet, -s _____

oben _____

das Medium, Medien _____

verwenden _____

damals _____

Seite 105

der Alltag (Sg.) _____

online _____

das soziale Netzwerk _____

chatten _____

nutzen _____

das **Prozent**, -e _____

der Chatroom, -s _____

meistens _____

die **Zeitung**, -en _____

vor allem _____

häufig _____

der Durchschnitt (Sg.) _____

Seite 106

gestohlen → stehlen _____

stehlen _____

der Empfang (Sg.) _____

   (Das Handy hat keinen Empfang.)

abgemeldet → abmelden _____

ab|melden _____

gesperrt → sperren _____

sperren _____

die PIN, -s _____

der Akku, -s (Mein Akku war leer.) _____

leer _____

verwechseln _____

das Guthaben, - _____

Seite 107

stören _____

die **Bibliothek**, -en _____

höflich ↔ unhöflich _____

aus|schalten _____

her (Her mit dem Handy!) _____

auf|hören _____

Seite 108

der Flatscreen _____

der Receiver _____

der Speicher, - _____

mindestens _____

das Gigabyte, -s (GB) _____

dafür (Ich habe kein Geld dafür.) _____

einige _____

   (Ich bin jeden Tag einige Stunden im Internet.)

tauschen _____

der Buchtipp, -s _____

leihen _____

zurück|geben _____

Kapitelwortschatz Kursbuch

diskutieren
der Player, -
der Bass, Bässe
die Miete, -n
selber *(Mach's doch selber!)*
sonst

Kapitel 15   Seite 110

der Friseur, -e
die Friseurin, -nen
färben
fegen
der Besen, -
der Radiosender, -
der Moderator, -en
das Mikrofon, -e
die Sendung, -en
der Tierarzt, Tierärzte
die Tierärztin, -nen
die Spritze, -n
streicheln
die Werkstatt *(meist Sg.)*
der Automechaniker, -
der Mechaniker, -
der Motorroller, -
der Reifen, -
wechseln
  (Der Mechaniker wechselt die Reifen.)

Seite 111

das Praktikum, Praktika
erholen (sich)
der Elektriker, -
die Firma, Firmen
der Auftrag, Aufträge
die Uni-Mensa, Uni-Mensen

der Arbeitstag, -e
der Handwerker, -
hungrig
mit|gehen
mitgegangen → mitgehen
herum|laufen
das Kabel, -
tragen
  (Paul hat Kabel getragen.)
der Muskelkater, -
das Abitur *(Sg.)*
nämlich
der Student, -en
die Studentin, -nen
die Stimmung, -en
vor|stellen (sich) *(Stell dir vor.)*
beschließen
beschlossen → beschließen
studieren
die Fremdsprache, -n
die Tiermedizin *(Sg.)*
die Mensa, Mensen
zurück|kommen
der Hauptbahnhof,
  Hauptbahnhöfe
grüßen
vorgestern
übermorgen
der Ferientag, -e

Seite 112

das Studium, Studien
die Ausbildung, -en
die Medizin *(Sg.)*
die Krankenschwester, -n
der Beamte, -n

hundertdreiundzwanzig   123

Kapitelwortschatz Kursbuch

der **Stress** (Sg.) _____
der **Arbeitsplatz**, Arbeitsplätze _____
der **Traumberuf**, -e _____
der **Astronaut**, -en _____
der **Weltraum** (Sg.) _____
fantastisch _____
der **Pilot**, -en _____
die **Schriftstellerin**, -nen _____
der **Grund**, Gründe _____
der **Informatiker**, - _____
die **Informatikerin**, -nen _____
der **Architekt**, -en _____
die **Architektin**, -nen _____
der **Banker**, - _____
die **Bankerin**, -nen _____
der **Journalist**, -en _____
die **Journalistin**, -nen _____
der **Ingenieur**, -e _____
die **Ingenieurin**, -nen _____
der **Schauspieler**, - _____
die **Schauspielerin**, -nen _____
das Computerprogramm, -e _____
interessieren (sich) _____
das Gebäude, - _____
beschäftigen (sich) _____
 (Anna beschäftigt sich mit Geld.)
die Politik (Sg.) _____
aufnehmen _____
 (Ich habe den Film mit dem Handy aufgenommen.)
der Effekt, -e _____

Seite 113

der **Verlag**, -e _____
kopieren _____
die **Chefin**, -nen _____
die Besprechung, -en _____

die Planung, -en _____
die Luft (Sg.) _____
die Kollegin, -nen _____
der Kopierer, - _____
der Besprechungsraum, _____
 Besprechungsräume
setzen (sich) _____
 (Setz dich auf den Stuhl.)

Seite 114

ähnlich _____
der Muttertag, -e _____
der Berufswunsch, Berufswünsche _____
die Arbeitserfahrung, -en _____
der/die Bekannte, -n _____
untypisch _____
technisch _____
traditionell _____
männlich ♂ _____
der **Mitschüler**, - _____
die Teilnehmerin, -nen _____
nachts _____
aus|schlafen _____
 (Karl muss nicht früh aufstehen. Er schläft aus.)

Kapitel 16   Seite 116

die Spielfigur, -en _____
formulieren _____
die Bitte, -n _____
der Mitspieler, - _____
die Mitspielerin, -nen _____
das Kompliment, -e _____
diktieren _____
auf|schreiben _____
zurück|gehen _____
der Schritt, -e _____

124   hundertvierundzwanzig

Kapitelwortschatz Kursbuch

Seite 117

das Startfeld, -er
abwechselnd
die Münze, -n
lösen (Löse die Aufgabe.)
das Feld, -er
unten
beenden
der Roboter, -
nach|fragen
begrüßen
auf|sagen

Seite 118

das Schuljahr, -e
die Gastfamilie, -n
das Abenteuer, -
wagen
   (Sie haben das Abenteuer gewagt.)
die **Erfahrung**, -en
Schweden
Mexiko
historisch
der **Schnee** (Sg.)
das Bundesland, Bundesländer
der Dom, -e
das Wahrzeichen, -
der Snack, -s
die Zwiebel, -n
die Hymne, -n
das Maskottchen, -
auf|fallen

Seite 119

der Dialekt, -e
furchtbar
tatsächlich
die Weihnachtszeit (Sg.)
der Kanton, -e
das UFO, -s
   (= Unbekanntes Flugobjekt)
das **Dach**, Dächer
hin|setzen
entspannen (sich)
das Schweizerdeutsch
die Spezialität, -en

Seite 120

die Klassenzeitung, -en
der Klassenkamerad, -en
das Porträt, -s
der Klassenclown, -s
aus|denken (sich)
die Redaktion, -en
der Spruch, Sprüche
die Rätselecke, -n
das **Rätsel**, -
das Kreuzworträtsel, -
das Suchrätsel, -
setzen
   (Setzt einen Witz in die Zeitung.)

Seite 121

die Comicredaktion, -en
die **Situation**, -en
das **Gedicht**, -e
zusammen|gehören
der Bericht, -e

hundertfünfundzwanzig 125

Thematische Wortgruppen

Lebensmittel

die Beere
der Braten
die Bratwurst
die Brezel
die Chips
der Christstollen
das Fast Food
die Grillwurst
das Gummibärchen
das Hähnchen
der Himbeersaft
der/das Joghurt

die Karotte
der Keks
der Lebkuchen
die Limonade
die Mandelfüllung
das Müsli
die Nachspeise
die Nudel
der Pfeffer
das Popcorn
der Quark
der Reis

das Roggenbrötchen
die Sahne
der Schokoriegel
das Schwarzbrot
der Snack
die Soße
die Süßigkeit
der Wein
das Weißbrot
das Wurstbrot
die Zwiebel

Berufe

der Architekt
der Astronaut
der Automechaniker
der Banker
der Beamte
der Busfahrer
der Chef
der Elektriker
der Friseur

der Handwerker
der Informatiker
der Ingenieur
der Journalist
die Krankenschwester
der Mechaniker
der Moderator
der Pilot
der Psychologe

der Schauspieler
der Schriftsteller
der Sportlehrer
der Student
der Tänzer
der Tierarzt
der Trainer
der Verkäufer

Elektronik

der Akku
die App
der Browser
der CD-Player
chatten
der Chatroom
die E-Mail
die E-Mail-Adresse
der Fernseher
der Flatscreen
das Gigabyte
das Guthaben

die Handykarte
der Lautsprecher
der Link
die Mailbox
das Mailprogramm
die Medien
das Mikrofon
der MP3-Player
die Nachricht
der Nintendo
das Passwort
die PIN

die Platte
der Plattenspieler
der Player
die Playstation
der Posteingang
der Receiver
das Smartphone
das soziale Netzwerk
das Tablet
tippen
die Webseite

Medizin

die Arztpraxis
die Bauchschmerzen
erkältet
das Fieber
gebrochen
die Grippe
der Hausarzt
die Hausärztin
die Krankenschwester
die Krankheit

das Medikament
die Medizin
der Muskelkater
der Notruf
die Notrufzentrale
die Operation
das Pflaster
die Praxis
die Salbe
die Schmerztablette

die Sprechstunde
die Spritze
die Tablette
der Unfall
der Verband
die Verletzung
die Versichertenkarte
das Wartezimmer
die Zahnspange

Unregelmäßige Verben

abschreiben	er schreibt ab	er hat abgeschrieben
anprobieren	er probiert an	er hat anprobiert
ansprechen	er spricht an	er hat angesprochen
aufbleiben	er bleibt auf	er ist aufgeblieben
auffallen	er fällt auf	er ist aufgefallen
aufnehmen	er nimmt auf	er hat aufgenommen
aufschreiben	er schreibt auf	er hat aufgeschrieben
ausdenken	er denkt aus	er hat ausgedacht
ausgeben	er gibt aus	er hat ausgegeben
ausgehen	er geht aus	er ist ausgegangen
ausschlafen	er schläft aus	er hat ausgeschlafen
aussehen	er sieht aus	er hat ausgesehen
ausweisen	er weist aus	er hat ausgewiesen
behalten	er behält	er hat behalten
beschließen	er beschließt	er hat beschlossen
betreten	er betritt	er hat betreten
bieten	er bietet	er hat geboten
dortbleiben	er bleibt dort	er ist dortgeblieben
eingeben	er gibt ein	er hat eingegeben
einschlafen	er schläft ein	er ist eingeschlafen
fallen	er fällt	er ist gefallen
fangen	er fängt	er hat gefangen
finden	er findet	er hat gefunden
hängen	er hängt	er hat gehangen
herumlaufen	er läuft herum	er ist herumgelaufen
leihen	er leiht	er hat geliehen
liegen	er liegt	er hat gelegen
loslassen	er lässt los	er hat losgelassen
loslaufen	er läuft los	er ist losgelaufen
mitfahren	er fährt mit	er ist mitgefahren
mitgehen	er geht mit	er ist mitgegangen
runterlaufen	er läuft runter	er ist runtergelaufen
scheinen	er scheint	er hat geschienen
schießen	er schießt	er hat geschossen
schneiden	er schneidet	er hat geschnitten
schweigen	er schweigt	er hat geschwiegen
spinnen	er spinnt	er hat gesponnen
springen	er springt	er ist gesprungen
stehenbleiben	er bleibt stehen	er ist stehengeblieben
stehlen	er stiehlt	er hat gestohlen
streiten	er streitet	er hat gestritten
teilnehmen	er nimmt teil	er hat teilgenommen
tragen	er trägt	er hat getragen
treffen	er trifft	er hat getroffen
tun	er tut	er hat getan
unterschreiben	er unterschreibt	er hat unterschrieben
verbieten	er verbietet	er hat verboten
verlieren	er verliert	er hat verloren
vermeiden	er vermeidet	er hat vermieden
versprechen	er verspricht	er hat versprochen
verzeihen	er verzeiht	er hat verziehen
vorschlagen	er schlägt vor	er hat vorgeschlagen
weglaufen	er läuft weg	er ist weggelaufen
werfen	er wirft	er hat geworfen
wiedergutmachen	er macht wieder gut	er hat wieder gut gemacht
zurückgeben	er gibt zurück	er hat zurückgegeben
zurückgehen	er geht zurück	er ist zurückgegangen
zurückkommen	er kommt zurück	er ist zurückgekommen

Quellenverzeichnis

S. 4	Dieter Mayr	S. 70	1 pixarno – fotolia.com
S. 8	1 Schokolade: Sabine Franke		2 mob2477 – fotolia.com
	2 a.k. – fotolia.com		3 FSEID – fotolia.com
	3 jonnysek – fotolia.com		4 coffeekai – fotolia.com
S. 13	Paul Rusch		5 booleen – fotolia.com
S. 16	Niko Kachel		6 siraanamwong – fotolia.com
S. 22	Alexander Zamaraev – fotolia.com		7 pure-life-pictures – fotolia.com
	Isaak – shutterstock.com		8 osorioartist – fotolia.com
S. 24	shutterstock.com		9 olly – fotolia.com
S. 25	Peter Galbraith – fotolia.com		10 HandmadePictures – fotolia.com
S. 26	Monkey Business – fotolia.com		11 fotofund – fotolia.com
	Klett-Langenscheidt Archiv	S. 74	alle Fotos: Dieter Mayr
S. 30	Alexander Hassenstein – Getty	S. 76	Paul Rusch
S. 31	Tom Pennington – Getty	S. 84	Sabine Franke
S. 49	Dolly – shutterstock.com	S. 85	forestpath – shutterstock.com
S. 55	1 Marina Lohrbach – fotolia.com	S. 86	1 k_rahn – fotolia.com
	2 vallejo123 – fotolia.com		2 Bettina Melchers
	3 pressmaster – fotolia.com		3 Rolf G Wackenberg – shutterstock.com
	4 Jamrooferpix – fotolia.com		ISO K° – photography – fotolia.com
	5 booleen – fotolia.com	S. 88	1 arek_malang – shutterstock.com
	6 Petra Beerhalter – fotolia.com		2 Paul Rusch
	7 Alexander Zamaraev – fotolia.com	S. 95	1 cabania – shutterstock.com
	8 Isaak – shutterstock.com		2 vadimguzhva – fotolia.com
	9 Kara – fotolia.com	S. 102	1 Alain Grosclaude/Agence Zoom – Getty
	10 HandmadePictures – fotolia.com		2 Xinhua – imago
	11 fotoart89 – fotolia.com		3 C. Niehaus/Future Image – imago
	12 Bettina Melchers		4 AFLOSPORT – imago
S. 56	1 Klett-Langenscheidt Archiv		5 BPI – imago
	2 Maksim Šmeljov – fotolia.com	S. 103	1 eska2005 – shutterstock.com
S. 64	1 Sabine Franke		2 Manuel Schönfeld – fotolia.com
	2 Stefanie Dengler		3 © Eisriesenwelt GmbH
	3 Sabine Franke		4 Daniel Schwarz – imago
	4 Bettina Melchers		5 Claudio Divizia – shutterstock.com
S. 69	Dreamframer		
	Tan Wei Ming – shutterstock.com		